JN123322

人間学入門

人間学入門

― 自己とは何か ―

金子晴勇著

知泉書館

はじめに——自己とは何かという問い

人間とは何であるか。つまり、自己とは何であるか。この問いは一番身近なものであって、自分自身のことを考える年頃になると誰でも真剣に考えてみなければならないと感じる。わたしも高校時代の国語の教科書に三谷隆正の「自己と独創」という文章が掲載されていて、その冒頭は次のような言葉からはじまっていた。

静かに一個の自己を省みて見る。いかにも独特な一個である。他のいかなる一個をもつてきても、この一個の代わりにならない（三谷隆正『信仰の論理』岩波書店、一九二六年、三四頁）。

この一文がきっかけとなってわたしの人間の探求がはじまったと言っても過言ではない。しかしながら、ここで問題になっている「自己」は何であるかという問題は容易にその答えを見いだすことができない。それればかりか、それについて考えると理解のできない謎が深まってしまう。それゆえに誰しもアウグスティヌスとともに「人間そのものが大きな謎である」ことを認めざるをえない。

謎と言えばギリシアの神話的な王であったオイディプスが怪物スフィンクスから問いかけられたあの謎は何を暗示しているのか。

一つの声をもち、二つの足にしてまた四つ足にして、また三足なるものが地上にいる。

これも一見すると謎のようであるが、不思議な人間を指し示している。これは「汝自身を知れ」というデルフォイの神殿にあった碑銘をユーモラスに述べたものであるが、ここには人間の歴史では最初の人間への問いが秘められており、それに応えようとしたソクラテスによって歴史上初めて人間学が誕生したと言えよう。

実際、その後の思想史を辿ってみると、人類はその英知をかけてこの謎を解き明かそうと試みてきたし、今日においても依然として謎に満ちた人間への問いが発し続けられている。たとえば、わたしの高校生時代に読んだキルケゴールの『死に至る病』の本論の初めには次のような謎めいた文章が置かれていて、これが彼の思想を説く鍵語となっている。

人間は精神である。しかし、精神とは何であるか。精神とは自己である。しかし、自己とは何であるか。自己とは、ひとつの関係、その関係それ自身に関係する関係である。あるいは、その関係がそれ自身に関係するということ、そのことである。自己とは関係そのものではなくて、関係がそれ自身に関係するということなのである。人間は無限性と有限性との、時間的なものと永遠なものとの、自由と必然との総合、要するにひとつの総合である。

（『死にいたる病』桝田啓三郎訳「世界の名著」四三五—四三六頁）

これだけでは何のことか全く分からないし、続けて語られていることを読んでもよく分からない。そこでこれまでの人類の歴史においてどのようにこの問題が解明されてきたかを参照することによって、わたしたちは今日どのように人間学を確立することができるかを考えてみたい。まず最初に「人間学とは何か」を簡潔に考察した後で、これまでの人間学の試みを批判的に解明しながら、現代的な視点から再び人間学をどのように確立しなければならないかを考えてみよう。そのさい、わたしたちはヨーロッパの伝統的な人間観の歴史を辿ることによって、どのようにこの問題を理解すべきかを考察することにしたい。

目次

目　次

目次

人間学入門

——自己とは何か——

Ⅰ　人間学とはどのような学問か

まず初めに人間学とはどのような学問かについて簡略に説明しておきたい。それが現代において成立してきた理由を最初に問うてみたい。その上でこの学問が歴史的にどのように発展したかを人間観の変化と、それを明瞭に反映する物語とを通して詳しく考察することにしたい。

1　科学時代における人間の問題

現代は科学の時代である。社会も伝統的な様式によるよりも科学技術によってその方向が決定されるようになった。そして人間に関する科学的な研究も大いに発展し、その成果が重んじられ、思想史の上でも「人間学の時代」を迎えている。したがって人間に関する諸科学の成果を受け容れながら、人間の全体的構成を再考し、その全体像を再建することが、今日、哲学のみならず、思想に関心を寄せている者に課せられた共通の課題になってきた。それこそ学問としての人間学が果たすべき課題にほかならない。そのさいわたしたちは身体・環境・言語・心理・倫理・社会・文化・歴史・宗教など広範で具体的な世界との関連のなかで、「人間とは何か」について科学的に解明して行かねばならない。このような学問的関心は萌芽としてではあるが、カント（Immanuel Kant, 1724-1804）の『実践的見地における人間学』（一七九八年）やメーヌ・ド・ビラン（Maine de Biran, 1766-1824）の『人間学新論』（一八二三―二四年）によってすでに意図されてきた。だが、二〇世紀に入ってから生物学の大いなる発展に刺激されて人間学的研究は次第に成熟し、マックス・シェーラー（Max Scheler, 1874-1928）の『宇宙における人間の地位』（一九二八年）によって初めて「人間学」として一応の体系的な完成を見るに至った。

この種の人間学は「自然人類学」（natural anthropology）や「文化人類学」（cultural anthropology）とは区別されており、昔から「人間に関する理論的な総合的研究」として哲学の一部門に属し、「哲学的人間学」（philosophical anthropology）と呼ばれてきた。人類学が一般に人間の経験的側面をそれぞれの専門の視点から研究し、人間という全体テーマの一部分を問題にしているのに対し、哲学的人間学は人間の全体を理論的に考察しようとする。

人間学的な考察は、古くはギリシア悲劇や、ソフィストの時代から始まる。中世から近代の初めにかけては、もっぱら神学の一部門である「人間論」として扱われ、人間学はあくまでも神学の一部にすぎなかった。しかし近代哲学の創始者デカルトは神学の権威から自由になって心身の二元論を説き、心は純粋思惟からなっているのに対し身体のほうは自動機械のように物体的に考えた。こうした傾向はその後の哲学を支配したが、やがて二元論を克服し、カントやメーヌ・ド・ビランを経て一元化に向かい、シュルツェ『心理的人間学』（一八一六年）やイマヌエル・ヘルマン・フィヒテ（Immanuel Hermann Fichte, 1796-1879）『人間学――人間の心の学』（一八五六年）によって心の身体化が試みられた。

現代の哲学的人間学が誕生した時点は明瞭である。それは一九二八年であり、この年にシェーラーが『宇宙における人間の地位』を世に問い、多くの議論が沸騰し、同年にケルン大学の彼の同僚であったプレスナー（Hermuth Plessner, 1892-1985）がいっそう広汎な著作『有機体の諸段階と人間――哲学的人間学入門』を発表して一気に人間存在を全体的に考察する新しい学問を軌道に乗せるにいたった。このような人間学誕生の理由をシェーラーは次のように語っている。「人間を研究対象とする個別科学がいやがうえにも増加したことが、人間の本質を明らかにするよりもむしろ、遥かにそれを分からないものにしてしまう。したがって人はこういえる、歴史上いかなる時代も今日のように人間が問題視されたことはない」（シェーラー『宇宙における人間の地位』亀井裕・山本達訳、『シェーラー著作集13』白水社、六頁。この書の内容については金子晴勇『マックス・シェーラーの人間学』創文社、第一章を参照されたい）。ハイデカー（Martin Heidegger, 1889-1976）も同様な趣旨のことをシェーラーに献呈した『カントと形而上学の問題』で語っている（ハイデッガー『カントと形而上学の問題』木場深定訳、理想社、三六節参照）。しかし、そこにはこれまで哲学によって探求されてきた存在論と認識論を人間の全体的解明によっていっそう深く基礎づけるように要請されていたのであった。

さて、人間とは何かという問いや関心は人類の歴史とともに古く、人間は目の前に広がる世界だけでなく、他者とともに生きる社会や自己自身をも知ろうと願ってきた。生の哲学者ディルタイの弟子で著名な『哲学的人間学』を著わしたグレートイゼン（Bernhard Groethuysen, 1880-1946）の簡潔な定義によると、人間学というのは一般的に言って「人間の自己自身についての知識」である（B. Groethuysen, Philosophische Anthropologie, 1909, 2Aufl. S.3.「あなた自身を知れというのが、すべての哲学的人間学のテーマである。哲学的人間学は自己省察であり、自己自身を捉えようとする人間の絶えず新たになされる試みである」）。この意味では、デルフォイの神殿の扉に記されていた「汝自身を知れ」という銘にも、ソフォクレスの「人間讃歌」にも、さらにスフィンクスの謎にも人間学は提示されている（ソフォクレス『アンティゴネー』呉茂一訳、岩波文庫、二八—三〇頁および『オイディプス王』藤沢令夫訳、岩波文庫、一二一―一二二頁参照)。事実、自己を知る自己認識こそ、芸術・宗教・哲学における人間の知的探求の究極の目的であるといえよう。それゆえ、「世の中の最大の事柄は自己自身を知ることである」と懐疑論者モンテーニュ(Michel de Montе, 1533-92)も語っている。実際、人間の思想的営みの一切はその背後にある人間学に還元されるといっても決して言い過ぎではない。フォイエルバッハ(L.A. Feuerbach, 1804-72)が「神学の秘密は人間学である」と主張していることも、この還元を意味している(フォイエルバッハ『将来の哲学の根本命題』村松一人・和田楽訳、岩波文庫、九七頁。この有名な命題は「哲学改革のための暫定的命題」(一八四二年)の冒頭に出ている)。こうした人間学的な問題意識と還元の試みのなかでも次の二つの問いが重要である。

2　カントの問い

カントがその著作『論理学講義』のなかで提示したものが最も注目するに値する。彼によると哲学の全分野は次の四つの問いに要約され、しかもそれらの問いはすべて人間学に帰する。

一、わたしは何を知ることができるか。二、わたしは何をなすべきか。三、わたしは何を望むことが許されるか。四、人間とは何か。第一の問いには形而上学が、第二の問いには道徳が、第三の問いには宗教が、そして第四の問いには人間学が答える。……最初の三つの問いは最後の問いに関連しているから、結局、わたしたちはこれらすべてを人間学と見なすことができよう。

(Kant, Logik, ein Handbuch zu Vorlesungen. Phil. Bibl., S. 27)

このカントの問いに関する解釈としてハイデガー『カントと形而上学の問題』木場訳、理想社、第三八節とブーバー『人間とは何か』前掲訳書、第二部第三章を参照。

このような人間学への還元の試みはカントの批判哲学全体の構成と展開のなかに存在している。カントが一般学生に講義した『実践的見地における人間学』では主に「経験的人間学」が述べられている。そこでは人間知や世間知といった世俗的な生き方、たとえば「怜悧」(Klugheit) のような他人に巧みにとりいって影響を与える「実際的人間知」について論じており、人間の全体的本質を問う彼によって先に立てられた根本問題に取り組んではいない。このカントの提出した問いについてさまざまな解釈がなされているが、一般的にいって啓蒙主義の時代には、カントが予感していたにもかかわらず、人間存在の全体はいまだその実存の深みにまでは徹底されて問われていなかったといえよう。同様のことはヘーゲル（Georg Wilhelm Friedrich Hegel, 1770-1831）の哲学を人間学へと還元したフォイエルバッハに関してもある意味では言えるかもしれない。なぜなら、彼によってヘーゲルの哲学体系が人間学に還元されたとしても、人間自体はいまだ全面的には問題視されていなかったからである（ブーバー『人間とは何か』児島洋訳、理想社、六七頁参照）。そのような問題意識が芽生えるためには、人間に関する諸科学が十分に発達した上で、人間自体を、これまでの多様な解釈を含めて、全面的に問い返す必要があった。

3　シェーラーの人間学的な問い

それを勇気をもって最初に実行したのがマックス・シェーラーにほかならない。彼は『人間と歴史』（一九二六年）という論文のなかで人間学の現況について次のように語っている。

現代ほど人間の本質と起源に関する見解が曖昧で多様であった時代はない。……およそ一万年の歴史をつうじて人間がみずからにとって余すところなく完全に「疑問」となり、人間とは何かを人間が知らず、しかも自分がそれを知らないということを人間が知っている最初の時代である。したがって、「人間とは何か」に関する確固たる認識を再び獲得しようとするならば、一度この問題に関する一切の伝統を完全に白紙に戻す意向をかため、人間という名の存在者から極端な方法論上の距離をとってこれを驚嘆しつつ注視するようにする以外に方法はない（シェーラー『人間と歴史』亀井裕・安西和博訳、『哲学的世界観』所収論文、「シェーラー著作集13」白水社、一二八―一二九頁）。

このように語ってから、彼は現代における人間科学の貴重な成果について述べた上で、この知的素材を支配し組織する方法も認識も進歩していない点を指摘している。しかも、人間はこのような自己についての認識の欠如に気づくようになっているとも言われている。そこで彼はこのように極度に問題的になった状況において人間に関する考察を開始するに際し、人間の自己認識の歴史、つまりその自覚史を辿り、「神秘的・神学的・宗教的・哲学的人間論」によって紛糾している事態から全く自由になって、あくまでも具体的な人間の現象を考察の対象にすべきであると説いた。こうして彼は人間に関する五つの類型、すなわち宗教的人間・理性的人間・技術的人間・生命的人間・人格的人間をとりだして論じている。

こうした問題意識に立って現代の人間学は発展してきた。すなわち生物学・医学・社会学・心理学・経済学・政治学などの分野から人間学的な解明の試みが続々として発表されるに至った。だが、諸科学によって解明された人間についての豊かな成果は、必ずしも思想的に統一されたものではなく、それぞれの学問的立場から企図された学説を検討するならば、人間性の統一というものはきわめて疑わしくなってくる。つまり経験的事実として提示されているものも最初からある特定の個人的な前提・立場・世界観・イデオロギーから導き出されている場合が多い。したがってそこでは個人的因子が決定的役割を演じており、個人の気質や傾向性が研究方向を決定している。たとえばニーチェ（Friedrich Wilhelm Nietzsche, 1844-1900）は権力意志を宣言し、フロイト（Sigmund Freud, 1856-1939）はリビドーを強調し、マルクス（Karl Marx, 1818-83）は経済的・社会的存在を主張する。こうした世界観に特有な一元論的観点からすべてを解明しようとするため、経験的事実は牽強付会にも自己の学説のなかに無理に押し込められるか、または勝手に切り捨てられてしまう。

そこでわたしたちは人間そのものの姿を直視しかつ再考するために、無数の理論により着色された人間のイメージのすべてを白紙に還元し、厚いヴェールによって蔽われた仮面を剝ぎとり、人間と呼ばれる実在の素顔を素直に観ることから始めなければならない。したがって、諸々の学問を人間学に還元するだけでなく、人間学的成果をも再度人間自体に還元することを試みなければばならない。それゆえ、ここでは人間学の歴史的展開を追求しながら、思想家の歴史的・個人的前提を批判的に吟味し、可能なかぎり人間のありのままの姿を探求することを試みなければならない。

こうした還元に始まる人間学の方法について述べておきたい。わたしたちはまず現代の生物学・医学・心理学・言語学・社会学・歴史学・政治学・経済学といった諸科学の成果を受容しながら人間学の新しい展開を試みなければならない。しかし、これらの諸科学の成果は、カントの観念的な「超越論的主観性」の内にではなく、それを批判的に超克し、それに代わるべき「創造的な主観性」の内に取り戻すことこそ、現代における人間学の根本的課題である（プラトンのイデアによる認識が感性的な素材との関係をもたないために、単なる観念の再生産にすぎないだけでなく、ちょうど鉄が鋳型に注ぎ込まれるように、物質は形相（イデア）によって造り出されている。同じことはカントが自然をその形式、つまりその連関にしたがって、法則の下に立つ存在者として定義し、またその実質にしたがって、つまり連関のなかにあるものを考慮して、「現象の全体」(Inbegriff der Erscheinung) と定義したとき、この事態が最もよく示されている。たとえばカント『プロレゴメナ』土岐邦夫訳（世界の名著32）一五三頁参照。なお、この点について Gerhard Krüger, Grundfragen der Philosophie, 1965, S. 190ff. をも参照)。

こうした主観性は他者との具体的な関係のなかで創造的に作用している精神に求めなければならない（精神は行為的な理性として現実に働きかけている。そこに創造的な働きが見られる。しかも他者との具体的な関係のなかで行為は起こっているのであるから、理性の機能も感性の声、他者の声、神の声、象徴的な声などを聞きながら現実に創造的に関わっている）。この種の精神はその本質において行為的であり、人格の作用によって他者に働きかける行為の遂行のなかに現象しているがゆえに、「間主観的」特質を備えている。ところが、これまでの思想史では精神が身体を伴った行為から理解されず、身体から分離して理解されることが多かった。たとえばプラトンやデカルトなどの心身二元論がその代表である。彼らの影響が今日にいたるまでどれほど大きくとも、それは終始一貫して疑問視されなければならない。

もちろん何かを考察するためにはわたしたちは全体を部分にわけて分析しなければならない。しかし、全体は部分によって単純には構成されない。なぜなら全体は部分の総和以上の内容をもっているからである。このことは人間自身においても、人間の集団においても真理である。では、人間自身を、また人間の集団を、統合しているものは何か。実にこのことこそ人間学が探求すべき最大の問題である。そして「部分の総和以上の内容」とは部分に属さないで、部分を統合する、したがって心身を統合する「精神」であると思われる。また、これまでの歴史においてばらばらな人間を統合する原理をギリシア人は「宇宙」に求め、キリスト教徒は「神」に求め、近代人は「自我」に求めてきた。そこに人間学の歴史と類型とが展開している。近代を受け継いで現代に生きるわたしたちは、「自我」に対する反省から出発し、近代的主観性を徹底的に批判検討し、真に人間的な精神を回復させなければならない。

4　人間学的原理

最後に、ボルノウ（Otto F. Bollnow, 1903-91）が説いている人間学的原理を参考にしながら、人間学の方法について簡略に触れておきたい（ボルノウ「哲学的人間学とその方法的諸原理」、ボルノー／プレスナー『現代の哲学的人間学』藤田健治他訳所収、白水社、二七—三四頁）。

1　人間学的還元の原理　　これまで考察してきたことからすでに明らかなように、人間学は人間の営みのすべてを人間自身に還元していく。このような「人間学的還元の原理」こそ、カントの「超越論的主観性」に代わる原理として確立されうるであろう。

2　人間学的構成の原理　　この還元に続く「構成」は、主観の作用にのみ委ねられるべきではなく、科学・芸術・宗教・政治・社会といった文化の領域のうちに、したがって単なる主観的思惟によっては把握しがたい統一の働きのうちに、わたしたちが関与しながら人と人とを結びつける精神を捉え、それを基礎にして間主観的な認識を確立すべきであろう。このような統一する精神の作用にもとづく構成は「人間学的構成の原理」と呼ばれうるであろう。

3　人間学的未確定の原理

これはプレスナーが「脱中心性」により明確に提示した人間の定義しがたい特質である。

もし人間の脱中心的地位に関する私の説が正しいとすれば、人間にとってはこれらの限界といえども透明なものとなり、自由に処理できるものとなるであろう。人間の本性が人間に、限界設定から身を引かせるのである。人間はあらゆる定義から身を引くのである。つまり人間は隠れたる人間（Homo absconditus）である。

（プレスナー「隠れたる人間」、ボルノウ／プレスナー、前掲訳書、白水社、四三頁）

これは実存哲学がとくに力説した点でもあった。なんらかの観点なり立場から人間を定義しても、その一面性は免れがたいし、それに加えられる反省の力によってそのような定義は突破されてしまう。とはいえ、このことは知的絶望を意味しているのではなく、かえって人間のうちに隠され秘められている人間性の豊かさを言い表わしている。人間学は、この隠されている人間の現実に絶えず立ち向かい、驚きの念をもって、つねに新たに、この汲めども尽きることのない存在の解明を志すのである。

Ⅱ　自己認識の変化

はじめに

わたしたちは何かの問題を考察するとき、これまで人類がその問題をどのように考えてきたかという観点から把握しなければならない。先人たちの努力をまずは顧みる必要がある。彼らがその問題にどのように取り組んできたかを考えることによって、今日の時代を生きるわたしたちはそれを考察する手がかりを見いだすことができる。というのも、そこに最終的な回答を見いだすことができなくとも、それを検討することによって多くのことが学ばれるからである。

その際、ヨーロッパの思想の歴史はギリシア文化とキリスト教という二つの世界観の形成と対決、さらにそれらの総合や解体の試みを通して豊かな文化をわたしたちに残している。ヨーロッパ文化は日本文化とは相違しているばかりか、日本文化にはない独特の経過をとって発展と衰亡を繰り返してきた。そこに考えてみなければならない問題点をわたしたちは見いだすことができる。そこでは、まずは、どのような人間観がわたしたちに提供されているかを見てみよう。その上で日本人としてどのようにそれに対処すべきかを考えてみることにしたい。

1　人間についての「説明」と「理解」

一般的に言って何かを説明するのと理解するのとでは大きな差があると言えよう。ディルタイが初めてこの点を明らかにした。「説明」とは何かを客観的に秩序立てて明らかにすることであり、外的に事物を科学的に捉えて解明する働きである。それに対し「理解」とは他者の身になって、つまり相手の側に立って了解することである。人間について考えるときこの相違を正しく把握しておかなければならない。

現代は人間学の時代であり、人間についての科学は隆盛をきわめ、巨大な成果をもたらした。したがってこの知的素材を組織し、全体としての人間を把握する方法が今日探求されなければならない。たとえば人間の本質が「精神」であることは古来すべてに共通の認識となっていたが、さらに精神とは何であるかと問うならば、その特質を表現するために環境世界に組み込まれた動物とは異なる「世界開放性」（シェーラー）とか「脱中心性」（プレスナー）が有力な学説として認められてきた（詳しくは金子晴勇『マックス・シェーラーの人間学』三〇—三四頁参照）。この世界に関わる特質によって「対象化」が生じており、科学的認識も生まれてきた。しかし、こうした対象化にも諸段階があり、またその前段階もある点が考慮されなければならない。それは人間にのみ独特な仕方で意識される「距離と関係の二重性」もしくは「遠い地平と近い地平」（遠近法）を形成している。この観点から事物認識と人間認識の問題に光を当ててみたい。

この二つの認識の間には質的な対立があるように思われる。何よりも際立っていることは、知覚の働きが人間同士の間では交互的であるのに、人間と事物の間では交互的ではなく、一方的であるという点である。つまりわたしたちが事物を知っていても、事物の方はわたしたちを認めることはない。そこには相互性の原理が成立しておらず、人間の主観の作用によってのみ認識は遂行されると考えられがちである（カントはこのように主観の側に一定不変な先天的枠組み（直観形式とカテゴリー）が備わっていると主張しているが、対象の選択・抽象・補足・意味づけなど人によって相違しているため、これらの働きが機能的に単純には形式化できないといえよう）。ただ言えることは、わたしたちが一方的に事物を観察し、事物に属する幾つかの特性を指摘することができるということである。

たとえば、もし水の上を歩こうとすれば、沈むであろうが、その上に完璧に架けられた橋は、わたしたちが渡るとき、自己を支えることを知っている。このように事物の諸機能を確信しているので、わたしたちは事物に寄り頼んでいる。そしてわたしたちの側から事物の間にある諸々の法則に永遠の特性を移し入れることもできる。すると、それらの法則には科学的な普遍性が付与されることになる。

このようにわたしたちによって「一方的」に知られる事物と、「相互的」に知られる人間とを比較してみると、人間と事物のどちらの方がわたしたちによく知られているのであろうか。「一方的」と「相互的」という観点だけで比較すると、たしかに後者の方ははるかに優っている。ところが、事物の方が人間よりも正確に知られるがゆえに、「一方的」な事物認識の方が優れていると信じられやすい。そこで「事物」認識と「人間」認識とを比較した上で、二つの認識方法の間に何らかの関連があるのか、つまりわたしたちは事物を通して人々を知るにいたるのか、それとも人々を通して事物をよく知るようになるのか、と問うてみなければならない。

そこで、まず、事物認識の優位性を主張している学説を検討してみよう。事物認識は自然科学において一般に通用している方法である。主として物理的世界を対象としている自然科学の方法は分析的であり、観察されうる部分の研究から帰納法によって全体を捉えようとする。したがって自然科学者は多くの事実の観察と分類により全体を「説明」する一般法則を確立しようと試みる。

この学説の問題点は知覚の領域を反省してみれば明白である。わたしたちが最初に経験している事物の知覚は全体の知覚である。わたしが人を見るとき、全体ではなく部分を見るならば、言葉の正しい意味でわたしは知覚していない。というのも知覚というのは、真理捕捉を意味するからである。それとは反対に、わたしがその全体を捉えるときには、部分を構成している要素を見落とすこともある。わたしは構成している要素を知らないでも、事物を観察することができる。たとえば、わたしにとって顔というものは目・鼻・口・頬の組合せではない。この点に関してゲシュタルト心理学は知覚においては部分から全体へ進むのではなく、その逆であると正当にも主張している。

このような傾向は行動主義の心理学においては一段と明白である。行動主義の心理学者は従来の心理学の非科学性に対する反動から、観察されうる事実に基礎を置くことを強調した。科学の対象となるのは内的な自我の経験ではなく、観察されうる外的行動だけである。こうした行動は刺激に対する反応であるがゆえに刺激と行動との関連を支配している法則を発見すべきである。こうして人間はここでは明白に「事物」として取り扱われている。人間はもはや人格ではなく、行動のメカニズムにほかならない。行動主義者ワットソンによれば、それが人間のすべてである。したがって、行動主義の心理学は事物認識に優位を認め、事物こそ厳密で正確な知識の最善の基礎を提供しているとみなした

一般的にいって近代の学問は自然科学に始まり、真理の徴表を事物認識に求める傾向をもっている。デカルトの明証説もカントの論理的な構成説もこうした傾向をもっている。だが、人間は事物のようには認識されないし、自然科学的な事物認識というのも人間的なものの見方の一つにすぎない。このように事物認識に優位性を置き、人間をも事物と同じ方法で把握しようとする傾向は、事物のほうが人間よりもはるかに分かりやすいという理由にもとづいている。だが、それは本当に事柄の真実や実情に即しているであろうか。

デカルトと同時代人で科学者でもあったパスカルは、幾何学のような抽象的な学問が彼の言う「人間の研究」に向いていないことに初めて気づいた人である。『パンセ』のなかで彼は次のように語っている。「わたしは抽象的な学問の研究にながい間たずさわってきた。……人間の研究をはじめた時わたしは、こういう抽象的な学問は人間に向いていないこと、それを知らない人たちよりも、それを深くきわめているわたしの方が、わたし自身の条件について迷っているところが多いことに気づいた」(パスカル『パンセ』L756, B144, 田辺保訳)。では、この「人間の研究」であ

る人間学の認識方法はいかにあるべきであろうか。

2　自己認識の歴史的変化

次に人間の自己認識は時代によって相当な開きがある点を考慮しなければならない。なぜなら古代や中世の人は現代の人たちとは相違した自己意識、つまり自覚をもっているからである。

わたしたちが日常語として用いている「人間」という言葉は「人の住むところ」としての「じんかん」であり、「世の中」や「世間」を、したがって「社会」を意味しているが、俗に誤って「人」に当てられるようになった、と一般にいわれている。ドイツ語の「仲間」とか「同胞」を意味している言葉 Mitmensch は「共に在る人間」を意味し、日本語の「人間」の源義に近い。実際「人」は「人々」と共にあって、この両者は元来区別されていなかったが、個人としての自覚とともに区別されはじめ、やがて対立するようになった。こうして、人間は個人として自己に中心をもつ存在であり、「主体性」をその本質とする自己中心的な個別者でありながら、同時に「人々」である他者と深くかかわり、他者との共同のうちに自己の生を確立していく存在であるといえよう。そして自己の中心に向かう求心的方向と他者にかかわっていく遠心的方向との、全く相反する、両方向を同時に生きるというのは、たしかに矛盾した事態ではあっても、それでも人間らしい生き方であり、ここに個別性と社会性とからなる人間存在のパラドックス（逆説）が見いだされる。

ところで自己の主体性の自覚は近代に入ってから強烈に意識されるようになり、日本においてもヨーロッパにおいても、古代や中世の人々はこのような個別性と社会性との矛盾や逆説を強くは意識していなかった。つまり、わたしたちは古代や中世の人たちとは相違した問題意識をもっていることになる。さらに近代人といえばすべての人が同じ問題意識をもっているかというと、決してそうではない。

ここで古代社会における人間の意識と思想とを近代人のそれと比較するならば、人間の社会に対する関係が正反対なものに逆転していることが明らかになる。わたしたちはそれを次のような命題によって表明することができる。すなわち、「人間は社会のうちに拘束されていたが、その拘束を脱し、自由となり、理性的に社会を形成しようとした。しかしやがて自己のうちに社会的本性を自覚し、他者との共同の内に積極的自由を求めるようになった」。この命題を言い換えて、わたしたちは「社会の内なる人間」という存在から出発し、やがて「人間の内なる社会」の自覚に到達しているというふうに要約することができないであろうか。古代社会における生活は強力な社会的統制によって社会の秩序が維持され、人間が社会によって完全に拘束されていた。まさに古代社会こそ「社会の内なる人間」の実情を明確に提示しているといえよう。そしてほかならない宗教もこの拘束状態を補完するために利用され、信仰心に訴えて国家の統一がいっそう強固にされたのであった。ベルグソンが『道徳と宗教の二源泉』においてこの点を強調し、社会の外的強制による統制のために設立された疑似宗教と人間性の解放に向かう真正な宗教とを区別し、前者の支配する社会を「閉じた社会」と呼び、後者の見られる社会を「開いた社会」と呼んでいる。たいていの民族宗教はこうした疑似宗教の性格をもっていたのであるが、ベルグソンによると、ユダヤ教の預言者において初めて、民族の地盤から離れた、真正な世界宗教が誕生している（ベルグソン『道徳と宗教の二源泉』平山高次訳、岩波文庫、九四頁）。しかし、このユダヤ教の預言者といえども民族の現世的幸福という世俗的願望から完全には自由となっていなかったのに対し、キリスト教は現世の権力からの人間の解放を説き、神との霊的共同体である「神の国」の福音をもってユダヤ民族から離れて、全世界的な霊的宗教として世界史に登場してきている。ところが、人間を現世の権力から解放したキリスト教という宗教といえども中世において一つの教権組織をもつにいたると、この教権からの自由を人々は求めるようになった。近代人は理性によって自律し、理性的な契約によって社会を形成し、自己の自然権を放棄して理性的な社会契約に従うことで、結局は自己にのみ従う自律を貫こうと欲したのである。これこそ合理的な「人間によって形成される社会」といえよう。しかし合理化された社会において社会制度は整備されたが、今度は組織的に強化された仕方で人間を非人間的に処理するところにまで近代の科学的技術社会は発展している。このような状況に追い込まれて初めて、わたしたちは近代的な意識である主観性がもつ問題性に気づき、人間自身の本性の内に社会性が宿っていることに注目するようになった。近代的主観性のもっているこの問題性を徹底的に追求し、批判検討していった、マックス・シェーラーによって初めて「人間の内なる社会」という観点が提起されるにいたった（本書第六章第五節（a）参照）。彼の影響のもと今日、知識社会学とか人間学に関心を寄せている社会学者たちは、たとえばバーガーなどは「社会の内なる人間」と「人間の内なる社会」とを分けて論じている（バーガー『社会学への招待』水野節夫・村山研一訳（思索社）第四章と第五章の表題にこのテーマが用いられている）。現代社会学における研究は直接社会思想と社会哲学の歴史にもとづいてはいないが、社会の統制のシステムが時間的に造られてきた過程に注目している。

3　ギリシア人の人間観――神話時代の人間観（ホメロスとヘシオドス）

そこでヨーロッパ文化を支えている最初の出発点であるギリシアから始めることにしたい。聖書は人間がどのように大地の塵から創られたかを物語っているが、ギリシア神話の世界には、そのような統一的な見方がない。ヘブライ人が成し遂げた民族の統一性に比べると、ギリシア人達はいつも小規模で競争的な多数の種族集合体に別れており、それぞれの集合体は自分たちこそ最も古いもので、その土地を所有する権利をもっていると主張した。そこで彼らはそれぞれ異なった始祖の英雄を立てて集合体の統合を企て、このような人物こそ彼らの「土から生まれた」（アウトクトネス）と見なした。この言葉は「土着の」という意味であるが、それ以上に自分達のポリスは祖国のみならず同時に「母にして乳母」であることを示唆している。たとえばプラトンは『メネクセノス』でソクラテスに当時の人々の考えを寄せ集めてアテナイを次のように称賛している。

かつて、全大地が動物と植物の領域にわたりあらゆる種類の生物を送り出し生み出していたときに、わが国土は野獣を生まず汚れを知らなかった。彼女は諸動物のなかから自分のために選択をなし、知において諸他の動物を凌駕し、ひとり正義と神々を信奉する人間を生み出したのであった。

（ガスリー『ギリシア人の人間観』岩田靖夫訳、白水社、四〇―四一頁）

したがって人間は大地から自然に発生したというのが、一般的な見方であった。しかし、それとは別の見方もあって、神々が泥や粘土から人間を形作った、とも言われている。プロメテウスが土塊から人間を造り、人間のために天からゼウスの火を盗み与えた、といわれているが、アイスキュロスの『縛られたプロメテウス』では人間の創造については語られていない。ヘシオドスも沈黙している。ただ後代のオヴィディウスがこの点に関して次のように伝えている。

野獣より神々しい生物、残りの全自然を支配すべき生物はまだ存在しなかった。それから人間が生まれた。その誕生の次第は次のふたつの場合のどちらかだと思われる。すなわち、造物神が神々の種子から人間を造ったか、それとも、大地が、高邁なアイテール［大空］から引き離されたばかりでまだ瑞々しく、親しい大空の種子をいくらか宿していたときに、プロメテウスがそれを降雨と混ぜ合わせ、万物を支配する神々の似姿へと造形したのか、そのいずれかであろう。

（ガスリー、前掲訳書、四五頁）

人間の誕生についての高貴な性質に関してはオルフィックの密儀宗教も説いており、ザグレウスの神話がそれと関連している。すなわち、ゼウスはその子ザグレウス〔ディオニュシオス〕に世界の支配権を授けておいたのに、ティタンがこれを殺して食べてしまったので、ゼウスは怒ってティタンを滅ぼし、その灰から人間を造った。だから人間はティタンの灰のゆえに神への反抗心を、灰のなかの神の子のゆえに神的性質を具えていることになる。このような高貴で神的な性質と現実の邪悪な性質とを合わせもっている矛盾は、過去の「黄金時代」を想定することによって解かれている。聖書の「エデンの園」も同様な試みである。ヘシオドスによれば神々が人間の五種族を相次いで造り、そのはじめに黄金時代があった、といわれている。

オリュンポスの館に住まう神々は、
最初に人間の黄金の種族をお作りなされた。
これはクロノスがまだ天上に君臨しておられた
クロノスの時代の人間たちで、

心に悩みもなく、労苦も悲嘆も知らず、

神々と異なることなく暮らしておった（『仕事と日』松平千秋訳、岩波文庫、一〇九行以下）。

この種族が絶えたのち、神々はそれよりはるかに劣る「銀の種族」、「青銅の種族」、「英雄」を造ってから、第五の「鉄の種族」を造り、次のように言う。

かくなればわしはもう、第五の種族とともに生きたくはない、
むしろその前に死ぬか、その後に生まれたい。
今の世はすなわち鉄の種族の代なのじゃ。
昼も夜も労役と苦悩に苛まれ、その止む時はないであろうし、
神々は苛酷な心労の種を与えられるであろう、
さまざまな禍に混じって、なにがしかの善きこともあるではあろうが。
しかしゼウスはこの人間の種族をも、
子が生れ乍らにして、こめかみに白髪を生ずるにいたれば直ちに滅ぼされる。

（前掲訳書、一七六行以下）

黄金の時代とはゼウス以前の「クロノスの治世」を言い、そこには二つの特徴、つまり高い道徳的資質、戦争や軋轢のないこと、および充分な食物とが指摘されている。ところでヘシオドスが「英雄」の時代を挿入したのは、英雄を歌ったホメロスの権威への敬意からであった。そのさい『オデュッセイア』のキュクロプス（単眼鬼）像が伝統的「黄金時代」の観念を修正している。つまり前記の二つの特徴は、結びついていたのに分裂し、大地が豊かに実りをもたらしても、人々の生活は無法にして利己的であり、残忍である、と変えられている。なおホメロスの意図は過去の黄金時代の描写にあるのではなく、過ぎ去った英雄時代から現在がいかに堕落しているかを思い知らせることにあった。「今どきの人々の何たる様よ」、これが詩人の嘆きであった。とはいえ、黄金時代にせよ、英雄時代にせよ、現在失われたものがふたたび与えられるかもしれないという希望がそこに表明されているといえよう。だが、この希望は、パンドラの「希望」のように、ペシミズムの暗い色彩によって覆われており、後代に説かれた外来の「円環」思想による「黄金時代」の再来のようには、強力なものではなかった。

しかしギリシア人のあいだにプロメテウス像も定着してくるに及んで、知性による進歩の観念が芽生えてくる。この神話化された人物のもっている意味は「前から知恵を働かす者」つまり「あらかじめ考える者」であり、そこから「先立つ思考」が人間にとり大切である点が示されている。だから彼のもたらした恵みとは人間の理性活動の成果であり、千慮の神に助けられて人は知性の働きによって進歩することができる。そこから技術文明も開花するし、新しい神ゼウスに対するプロメテウス的反抗としての自由も生まれる。

4　ヘブライ人の人間観

ヨーロッパの古代にはギリシアだけではなく、それと並んで多くの文化が興ってきたが、その後の歴史を考えるとヘブライ人が創りだした文化を取り上げなければならない。そこにはベドウィンと呼ばれる小家畜飼育者が生み出した独自の文化が興ってきており、それとギリシア文化が出会うことによって、豊かな思想が生まれてきたからである。そこでまずはヘブライ人たちが考えた天地創造の神話を考えてみよう。

(1)　天地創造の物語における人間の位置──創世記一・二六─二七節、ローマ書八・一五

天地創造の物語のなかには人間の創造についての記事がしるされている。神の創造の秩序のなかに人間も置かれており、そこに「宇宙における人間の地位」が明らかに示される。聖書は人間

が神によって創造されたと語っているだけではない。神の光を受けて造られた存在は神への方向性もしくは対向性をもっている。人間はとくにそのように造られている。すなわち「我々にかたどり、我々に似せて、人を造ろう」（二六節）、また「神はご自分にかたどって人を創造された。神にかたどって創造された。男と女に創造された」（二七節）とある。前のテキストは一人称複数形で、後のテキストは三人称単数形で述べられている。前者の「我々」というのは「我」の強意的表現といえよう。後代の神学者たちはそこに三位一体（父・子・聖霊）の存在を感じ取ってもいた。次に「かたどって」という表現は人が神と同じ形に造られたということを意味していない。神人同形説は、「神の像を造ってはならない」という十戒に反するゆえに、考えられない。「かたどって」とか「似せて」とかいうのは、あるものに絶えず向かっていると、おのずからそのものの影響を受けてそれに相応しい存在に変えられることを意味しているといえよう。したがって、それは神との交わりを指し示し、似たもの同士が合い引き合う相互性をも示唆している。さらに「等しいものは等しいものによって知られる」との認識論上の原理によれば、神を認識できるのはただ人間だけであることをそれは暗示する。

神と人とのこのような関係は、人を「男と女に創造された」ということによっても具体的に示された。なぜなら、男と女とは性質を全く異にしているにもかかわらず、交わりをとうして協力し合い一致して生きるように定められているからである。男と女とが異質であるのに互いに他に向かい合って存在しているように、神と人とも対向し合っているのである。神から人に「命の息（霊）」が吹き込まれると、人は生きるものとなったのであるから、人もまた絶えず神に立ち向かって、その意志にしたがって自己を形成すべき使命をもっているのである。

キリスト教の教義である三位一体説は、神が本質において交わりの神であることを、表明している。神は一人孤独に存在するのではない。神は父として子との関係のなかにある。そしてこの関係は愛であり、愛は霊から発源している。わたしたちは神の霊なる愛を受け手として、神の子となることが許されている。

パウロはローマ人への手紙のなかで「神の子とする霊」を受けて、わたしたちが「神の子供」となったと言明している。

（2）堕罪物語——創世記三・一—一二節、ローマ書五・一二—一四

人祖アダムの楽園での生活は創世記二章一五—一七節に語られている。そこでは農耕生活が営まれており、楽園の木のみを食することが許されていた。だが、たった一つの木だけは例外であった。それは善悪を知る木の実で、それを食べると必ず死ぬとの戒めが与えられていた。「絶

対的自由」というものは、「何処にもない」（ユートピア）にすぎない。もちろん動物には戒めはない。動物は本能により環境のなかに組み入れられており生体の自然秩序に服していて、自由はないからである。それゆえ楽園の生活は動物と同じように無垢であるかのように考えられるが、たった一つの戒めといえども、それが与えられていることによって、人間の本質をなす自由が最初から存在していることが示された。つまりその戒めを守か否かは人間の自由であり、神は守りえない戒めを与えるはずがないのである。この自由とともに責任が伴い、同時に罪への自由も認められる。戒めを守りうる自由は同時に、その反対の可能性も認められ、「反対の可能性」とは「非必然性」という意味の「偶然性」を示している。

アダムは動物のなかで最も賢い蛇の誘いにしたがって禁断の木の実を食べ、神の戒めを犯すことになる。禁じられるとどんなものでも魅惑的になる。「その木はいかにもおいしそうで、目を引き付け、賢くなるように唆していた」（六節）と記されている。「賢くなる」とはいったい悪いことなのか。もちろん、それは善である。わたしたちの目に好ましく善と見えるものでも、ある限度を超えると悪に急変する場合が多い。そのとき悪は善の仮面をつけてきわめて魅力的にわたしたちを刺激する。この強い刺激により唆されて悪を犯した後なって初めて、わたしたちはその反対の善を強烈に自覚するにいたる。アダムの堕罪物語からこの事態をわたしたちは知ることができる。

アダムとエヴァは神の戒めを犯したため、神との一体感が失われ、自己を振り返って見て、自己の裸の姿を知るに至った。彼らは神の前に立ちえないことに気付き、楽園の木のなかに身を隠した。それでも、神はアダムに呼び掛けて「おまえは何処にいるのか」と尋ねている。アダムは罪の結果重い労働に服し、エヴァは子を生む苦しみを科せられる。こうした罪の結果を「原罪」という。今日でも罪はひとりひとりの責任で犯される。しかし、犯された罪の影響は子供に、社会に、世界に広がっていく。わたしたちは真空地帯に生まれるのではない。アダムこのかた累積した罪とその呪いの下にあってわたしたちは生まれ、人生を過ごさねばならない。

パウロは人類をアダムとキリストとの二つに分け、アダムによって罪が世に入ってきたように、キリストによって神の恵みが満ち溢れるようになり、その結果、人類はアダムがルサンチマン（怨恨）から生じているのであろうか。キリスト教道徳は奴隷道徳であろうか。むしろ、神から与えられた愛と赦しの絶大な価値のゆえに、敵をも愛する者とされているのではなかろうか。

(3) イエスの愛

ここにはユダヤ教を原則的に超出するものがある。それは「わたしがあなたがたを愛したように、あなたがたも互いに愛し合いなさい」（ヨハネ一三・三四）とあるように、愛の体現者との交わりのゆえに人は敵をも愛する者にまで変えられていることである。ではイエスの愛の教えとは何であるか。旧約聖書が告げる「インマヌエル」（神共にいます）の予言はキリスト（油注がれた者）と呼ばれるイエスにおいて実現し、その告知が福音であって、このイエスをキリストと信じる信仰によってキリスト教は成立した。キリストという名称はメシヤ（救世主）を意味するが、当時のユダヤ人たちが待望したダビデ王国の再建を成就する政治的栄光のメシヤとしてではなく、神から離反した人々の罪をあがなう苦難の僕として、隠されたメシヤの姿において、イエスは語りかつ行動した。よハネ福音書はイエスの出現を、「言は肉体となった」（ヨハネ一・一四）という命題で表現している。言（ロゴス）とは神の力を意味し、これによって世界は創造されたのである。肉とは現世において生きている人間を意味する。したがって、ロゴスと肉体の知的かつ形而上学的対立を考慮しなくとも、この命題は神の創造的な力と歴史上生存した被造物の一人とを同一視している。これは理解しがたい逆説であるが、「神共にいます」（インマヌエル）の予言と告知が成就したことを表明している。

イエスによってもたらされた喜ばしい音信、つまり福音はイエスの愛の教えのなかにとくに明らかになっている。ユダヤ教の律法は愛を目ざしていた。イエスが、「心をつくし、精神をつくし、思いをつくして、主なるあなたの神を愛せよ。……そして自分を愛するようにあなたの隣人を愛せよ」（マタイ二二・三七以下）と語ったとき、彼は旧約聖書から引用している。この二つの戒めが旧約の全体であると彼は述べているが、ヨハネ福音書に説かれているイエスの愛の教えにはユダヤ教的愛を原則的に超えるものが見られる。「わたしは新しい戒めをあなたがたに与える。互いに愛し合いなさい。わたしがあなたがたを愛したように、あなたがたも互いに愛し合いなさい」（ヨハネ一三・三四）、とイエスは語った。「わたしがあなたがたを愛したように」という語句が新しい事態を示している。

神の愛の体現者イエスの交わりのなかでのみ、人は隣人を愛する者にまで成っている。隣人とは誰のことかと問われて、イエスはサマリア人の譬えを語り、自ら他者に対し隣人となる愛を示した。山上の説教はそれを説いているイエスとの交わりを前提しないならば、新しい道徳的律法以外のなにものでもないであろう。このイエスの愛による交わりこそ神の王的支配としての神の国の実現である。「神の国は見られるかたちで来るものではない。また〈見よ　ここにある〉〈あそこにある〉などとも言わない。神の国はあなたがたのあいだにある」（ルカ一七・二〇―二一）とイエスは語った。イエスとともなる交わりのなかに神の国はある。それはすでに実現しているのである。

（4）パウロの人間観――パウロとローマ社会との人間観の対立

パウロの人間観は彼自身の宗教体験と密接に関連している。その体験はキリストをもってユダヤ教の「律法の終わり」と規定し、キリストこそ律法と福音という二つの時代を画する転換点として捉えている。「キリストは、すべて信じる者に義を得させるために、律法の終りとなられたのである」（ローマ一・四）。それゆえ彼は、契約に始まり律法を経て福音に進展している聖書宗教の最終段階に立っているとの自覚に立って、人間をも救済史に即して理解している。

わたしの言う意味はこうである。相続人が子供である間は、全財産の持ち主でありながら、僕となんの差別もなく、父親の定めた時期までは、管理人や後見人の監督の下に置かれているのである。それと同じく、わたしたちも子供であった時には、いわゆるこの世のもろもろの霊力の下に、縛られていた者であった。しかし、時の満ちるに及んで、神は御子を女から生まれさせて、おつかわしになった。それは律法の下にある者をあがない出すため、わたしたちに子たる身分を授けるためであった。（ガラテヤ四・一―五）

（1）古代ローマ社会と同様にユダヤ教でも父権が確立しており、子供の教育期間が定められ、相続人でも子供のときは下僕と等しく管理人の下にあった。「霊力」（ストイケイア）とは律法の「初歩的教え」を指し、それは同時に「世界構成要素」を意味している。人間は社会に拘束された状態からまず規定されている。

（2）キリストの福音によって子供は律法の支配から解放される。そのとき、「子たる身分」つまり「神の子供たち」となる特権が授与される。この子たる身分は神に「父よ」（アッパ）と呼び掛けることができる親しい間柄に置かれていることを言う（同四・六）。

（3）子たる身分の授与は子供らしく生きる要請を伴っている。存在が当為を要請している。つまり「あなたはすでに子どもなのであるから子どもらしく生きるべきであり、奴隷のように生きてはならない」（同五・一）といわれる。

（4）子供の身分の授与は世界への関わり方を変えているのであって、世界からの逃避でも無関心でもなく、奴隷的な関わりから相続人としての関係に移され、神と世界とに関わる人間の自己理解の全面的変化が生じている。

4　アウグスティヌスの人間観

古代末期に登場してきたキリスト教の決定的な影響によって生まれた中世的な人間の特徴はな

んであろうか。中世人は大自然や共同体に対しどのように関わりながら自己理解を確立していったのであろうか。中世は信仰の時代である。しかも超越的な創造神の信仰により、自然は非神聖化され、神の被造物とみなされ、共同体も本性上社会的に造られた人間を結びつけ、神の意志によって導かれている、と中世の人たちは一般に考えるようになった。こうした世界観はいかなる自己理解から生じているのか。この点を明らかにするために古代末期の思想家で新しい中世思想の形成に最も影響力のあったアウグスティヌスを取り上げてみよう。しかし、ここでは彼の全思想を集約し、かつその人間観を端的に示している『告白録』冒頭の有名な箇所を考察してみるに止めたい。

「主よ、あなたは偉大であって、大いにほめ讃えられるべきである。あなたの力は大きく、その知恵ははかりがたい」（詩編一四四・三、一四六・五）。しかも人間は、あなたの被造物の小さな一断片でありながらも、あなたを讃えようと欲する。人間は自分の死の性を身に負い、自分の罪の証拠と、あなたが「高ぶるものを退けたもう」（ヤコブの手紙四・六）ことの証拠を、身に帯びてさ迷い歩いている。それにもかかわらず人間は、あなたの被造物の小さな一断片として、あなたを讃えようと欲する。喜びをもってあなたを讃えるように励ますのはあなた自身である。なぜなら、あなたはわたしたちをあなたに向けて造りたまい、あなたのうちに憩うまで、わたしたちの心は不安に駆られるからである。

まず指摘すべきは『告白録』の文章の特異な形式である。そこには「主」と呼ばれている「神」に絶えず呼びかけながら思考が展開している。つまり、三人称の一般的な叙述形式ではなくて、神に二人称形式で対話的に呼びかけながら進められている。このような態度は「あなた」と神に向かって絶えず語りかけているから「対話」的であるといえる。

次に彼は最初旧約聖書の「詩編」を引用し、神の偉大さを高らかに賛美しているが、次にその偉大さを人間の卑小さと対比させて、神と人との絶対的距離を知るように導いていく。人間の卑小さは「あなたの被造物の小さな一断片」という言葉に適切にも示される。宇宙と人間との対比はたとえその差が無限に大きくとも、単なる「差異」にすぎない。差異は対立の程度が弱く、相対的である。それに対しアウグスティヌスはここで人間がその一断片である「被造物」と「創造者」との対立を考えている。すると宇宙内部での相対的な対比の段階を超えた高度の対立が立てられていることになる。ところで、被造物が創造者の意志にしたがって存在しているかぎり、そこには意志の一致のゆえに両者の間に対立はさほど明瞭には意識されていない。この対立がはっきりと意識されるようになるのは、人間の意志が「高ぶり」によって創造者に反逆し、「罪」を犯すときである。このとき神は「高ぶるものを退けたもう」ゆえに、神と罪人との対立は、対立の度合いが最高度に達する「矛盾対立」となり、絶対的断絶となる。この状態はこのテキストでは罪の結果引き寄せた「死の性」と「罪の証拠」および高慢を退ける神の審判として述べられている。人間の現状はこのような悲惨な堕落した状態にあって、その中を「さ迷い歩いている」と語られている。

さらにこのような神と人との絶対的断絶は両者の関係の廃棄を意味しているのであろうか。「それにもかかわらず」という言葉は絶対的断絶を認めたうえでの関係の回復を示している。この回復が生じるためにはまず人間の自己のありのままの姿が素直に認められねばならない。それは「あなたの被造物の小さな一断片」としての自己認識である。この認識は同時に自己の創造者に対する賛美を含んではいるが、自己の犯した罪の重荷のゆえに賛美の声は声にならないほどか細い。ただ、神からの力強い励ましによってのみ「喜びをもってあなたを讃える」ことが生じる。

こうして『告白録』のなかで最も有名な言葉が語られている。すなわち「あなたはわたしたちをあなたに向けて造りたまい、あなたのうちに憩うまで、わたしたちの心は不安に駆られる」と。

さて、既述のように人間が神によって造られた被造物であるということは、永遠なる神と性質を異にする可死的生命のことだけを意味していない。それは「あなたはわたしたちをあなたに向けて（ad te）造りたもうた」とあるように、神への対向性をも意味している。このように被造物に創造の初めから与えられている根源的な対向性は「あなたのうちに（in te）憩うまで」安きをえないと語られているように、その目標とするところは神の内にある平安である。この平安に至までの状態は「わたしたちの心は不安に駆られる」と説明される。「不安」（inquietus）は「平安」（quies）を失った状態であって人間観が神との関係で根本的に変化しているのが知られる。神から離反して罪のうちにさ迷っていた者が自己の罪を「告白」し、神のうちに憩うことによって平安を得、神を「賛美」するために、この書は書かれている。

5　ヨーロッパ人の人間観

近代は十六世紀から始まると一般に理解されている。この時代は「ルネサンス」と呼ばれる。この「再生」を意味する言葉はミシュレーが最初用い、ブルクハルトにより「世界と人間の発見」という意味が与えられて、今日一般に使われているが、その意味内容が宗教的なものか、それとも自然主義的なものかと長く論じられてきた。ところが、ルネサンス時代のヒューマニストたちは、古典に親しみながらもキリスト教信仰を堅持しているし、宗教改革も信仰の復興、つまり信仰のルネサンスであるから、ルネサンスと宗教改革はともに近代初頭の人間像を共有していたといえよう。この時代に共通している人間像の特質はフマニタスの理念、「人間の尊厳」という主題、自然科学の定礎、主観性と自主独立せる個人、技術文化の世界において捉えることができる。ここではそのような近代的人間像の中核を形成している「自律」の問題に限定してエラスムスとルターの人間観を考察するに止めざるをえない。この「自律」(Autonomie) というのは中世から近代のはじめまでは「自由意志」(lierum arbitrium) によって語られていた事態であって、理性により自律し、人間が個人として行動の主人でありうるとの信念であるといえよう。ここから近代的自由の理念が誕生し、自律はカントにおいて初めて道徳の中心概念として用いられるようになった。したがって、近代の自由の思想をそれ以前の思想から分かつ最大の特徴は、人間が理性以外のすべてを退けて、理性にのみ立つ点に、つまり理性的自律に求められる。こうして排他的に神と他者をも退けていったため、遂に近代自由思想は個人主義からエゴイズムに転落し、理性に撤していることから信仰をも排斥する合理主義的になった。

（1）　エラスムスの人間観

近代の初頭に表われたエラスムスとルターの人間観の特質をまず指摘しておきたい。彼らはルネサンスと宗教改革の時代を代表する思想家である。このような時代状況のなかにあって彼らの人間観の特徴はどのようであったのか。その要点を挙げてみよう。

オランダのロッテルダムの人、エラスムスはイギリスのジョン・コレットを通じて聖書批判の原理とキリスト教ヒューマニズムを学び、十六世紀を代表するヒューマニズムの思想を完成する。彼は古典古代の言語・表現・文体を愛好し、古代的人間の叡知が彼の言葉により再生し、ルネサンスが彼のもとで「言葉の出来事」となって出現する。それは『対話集』や『痴愚神礼讃』のような文学作品のみならず、初期の哲学的代表作『エンキリディオン』においても明らかである。わたしたちは彼の思想上の特色を「キリストの哲学」（philosophia Christi）によって最もよく理解できる。『新約聖書序文』にある「パラクレーシス（呼びかけ）」ではそれが次のように要約されている。

この種の哲学は三段論法の中よりも心情の中にあり、論争ではなく生活であり、博識ではなく霊感であり、理性よりも生の変革である。学者になることは少数の者にとって辛うじて成功するが、キリスト者であることや敬虔であることは誰にでもできる。私はあえて付言したい、神学者であることは誰にでも可能である、と。さらに最も自然にふさわしいことは、すべての人の心の中に容易に入って行く。キリストが「再生」(renascentia) と呼びたもうた〈キリストの哲学〉とは良いものとして造られた「自然の回復」にあらずして何であろうか。したがってキリスト以上に誰も決定的にかつ効果的にこれを伝えた者はいなかった。しかし異教徒の書物のなかにもこの教えに合致する多くのものを見いだすことができる。

(エラスムス『新約聖書への序言』)

キリストの哲学の特質が、「理性よりも生の変革である」点と「良いものとして造られた自然の回復」——そこでの「再生」(レナスケンティア) は後にルネサンスと呼ばれた名称の一つの源泉となっている——とに要約して示されている。なお、ヨーロッパ全土を爆笑の渦に巻きこんだ不朽の名著『痴愚神礼讃』ではこれまでの彼の哲学と正反対の立場から人間について論じられる。というのは痴愚女神が自己礼讃の愚行によって人生と社会における痴愚の不可欠さを語っており、この女神は文芸の神ミネルヴァのまさに敵役なのであるから。こうして人々に痴愚と想われているものが実は知恵であり、知恵が逆に痴愚である点が軽妙に摘出され、真の知恵が「健康な痴愚」のなかにあって、うぬぼれた知恵は「純粋な痴愚」にほかならないことが説かれた。彼は時代の危険な狂気を察知してこれを鎮め、キリストを信じる者に固有の超越的狂気をも論じ、キリスト教世界の再生と改革とを志している。彼は政治の主権者が権力に訴えて戦争を起こしている時代の狂気に対してもたえず警告を発し続け、『キリスト教君主論』や『平和の訴え』を著わして、対立抗争し合う諸国家に向けて人文主義の立場から平和と調和とを説いた。これに対し君主も教皇も彼の発言に耳を傾けたため、一六世紀の前半は「エラスムスの世紀」とも呼ばれるようになった。こうして哲学が時代に内在する対立を調和にもたらした稀なる時代が出現したのであった。

エラスムスは人間と世界における平和と調和を志す人文主義を説き、言論の力によって戦争と抗争や分裂を避けようと努める。『痴愚神礼賛』では真の知恵が「健康な痴愚」に宿っており、自惚れた知恵が「純粋な痴愚」にして死にいたる病であることが軽妙に指摘された。彼は時代が侵されている痴愚の狂気を古典の精神とキリスト教の力によって救い出そうと試みた。ここにヒューマニズムの人間観が展開する。

（2）　ルターの人間観

彼の人間観は信仰義認論によって最も明らかに示される。それは神に対し行為の功徳によって義と認められようとする行為義認論と対立する。つまり能動的義に対立している神から授けられる受動的義である。「この義なる言葉は明らかに〈受動的〉であって、それによって神はあわれみをもって信仰によりわたしたちを義とする、とわたしは理解しはじめた」と彼は自伝的文章で語っている。これが「信仰によるのみ」（sola fide）という宗教改革の根本主張である。

次にキリスト者の自由に関する相対立する二命題によって彼の人間観は見事に展開する。彼はキリスト教的人間の自由について次の二命題によって論じる。「キリスト者はすべての者の上に立つ自由な君主であり、だれにも従属しない」。「キリスト者はすべての者に奉仕する僕であり、だれにでも従属する」。この「自由な君主」と「奉仕する僕」との矛盾は内的な「信仰による義」と外的な「愛による行為」とによって解明される。

さらに彼の人間観は「奴隷的意志」によっても強烈に提示された。エラスムスのルター批判の書『評論　自由意志』に対しルターは反論を加え、日常生活や精神的営みに関しては自由意志は認められるにしても、魂の救済に関しては信仰によってのみ義とされるがゆえに、その働きは否定される。もちろん彼は神の恩恵を受容する働きを否定しているのではなく、自己の意志の働きによって功徳を積むことにより救済に達する説を批判した。彼は人間学的区分をエラスムスと同様に人間の本性に立脚した三区分法「霊・魂・身体」として説いた。これによって彼の人間観の全体像が示された。

(3) 近代の特徴

終わりにわたしたちは近代の理念とその崩壊について指摘してから、その思想を代表するカントの人間観を、とくにその個人主義と合理主義の問題性について考えてみたい。近代の特徴は次の三点で示される。

(a) 近代をそれ以前の時代から区別している基本的理念の第一は近代自然科学の成立による自然の発見であった。この新しい自然の発見は同時に伝統的な世界像、つまり人間が安住してきたコスモスの崩壊を意味する。人間をとりまく世界住居たる有限な世界は突破され、等質な連続量として捉えられた無限の宇宙空間は、近代の初期においてはブルーノーのように無限への感激的な情熱をもって賛美されはしたものの、百年後のパスカルが「この無限の宇宙空間の永遠の沈黙はわたしを怖れしめる」と語ったように、人間が安住できる住みかではなくなり、人間はここにおいて不安と孤独に苦しめられる。

（b）　第二の理念は中世的教権や他の歴史的で社会的な絆を断ち切って獲得した自主独立した個人の自由であった。個人の自由は同時に歴史的制約である共同体からの自己の解放を意味した。旧体制は封建的であるとして振り捨てられたが、そこから出現した個人は欲望を追求して止まない利己主義的な人間にほかならなかった。利己的な人間が利益社会の根底をなしており、理性と市民の自由にもとづいて社会契約によって利益の調停をはかっても、人為的な形成物のゆえに脆くも崩れる運命を免れない。こうして社会的にも人間の孤独と孤立とが深まった。

（c）　第三は行為的人間により自然に働きかけて形成される近代文化の理念である。共同体から切り離された個人は、他者との関係を喪失することによって生きる意味を失うにいたる。生きる意味の喪失はニヒリズムの世紀を到来させ、これまでの価値体系が崩壊し、無意味性の不安に駆られて自己分裂の苦悩を人々は味わうようになった。

このような事態の究極の原因は、近代的な自我が最高価値であった神から離れ、他者との関係をも断ち切って、自らの理性にのみ立って、つまり主観性にのみ立って、自律し、ついには自己を絶対視することによるのである。これはまた近代精神史の必然的歩みでもあったといえよう。

(4) カントの人間学

カントがこの近代を代表する思想家である。彼は近代の啓蒙時代に哲学の全分野を批判的に検討した哲学者として注目すべき存在であるが、初期の思想ではドイツ敬虔主義に培われたキリスト教的な枠組が残されていた。しかし完成期の著作にはそれも原則的に消滅し、神学からの哲学の解放という一四世紀のオッカムからはじまった運動は、その最終段階に達し、近代の黎明期に人間の主体性の自覚を端的に示す「自由意志」はいまや理性的な「自律」(Autonomie) として完全な自己実現に達した。この人間観の完成した姿は『啓蒙とは何か』における啓蒙の定義に示される。

啓蒙とは人間が自己の未成年状態を脱却することである。しかし、この状態は人間自らが招いたものであるから、人間自身にその責めがある。未成年とは、他者の指導がなければ自己の悟性を使用し得ない状態である。また、かかる未成年状態にあることは人間自身に責めがあるというのは、未成年の原因が悟性の欠少にあるのではなくて、他者の指導がなくても自分からあえて悟性を使用しようとする決意と勇気とを欠くところに存するからである。それだから sapere aude「あえて賢かれ」、「自己みずからの悟性を使用する勇気をもて」――これが啓蒙の標語である。……ところでかかる啓蒙を成就するに必要なものはまったく自由にほかならない。なかんずく、およそ自由と称せられるもののうちで最も無害なもの、すなわちあらゆる事柄について理性を公的に使用する自由である。

（カント『啓蒙とは何か』篠田英雄訳、岩波文庫、七―九頁）

カントが終わりに指摘する「理性の公的使用」というのはたとえば理性を政治家が現実的政策に使用するのではなく、つまり実用的な使用ではなく、反対に学問的に吟味し、客観的に使用することを言う。ここに理性による自律という近代的人間の人間像が端的に示されるようになった。わたしたちはヨーロッパにおける人間観の変化を典型的な事例に即してこれまで考察してきた。そのなかでも近代的人間の主観性の特質であった個人主義と合理主義とは歴史の歩みのなかで変質し、個人主義は自己本位のエゴイズムに、合理主義は官僚主義的な非合理主義に、それぞれ転落していることが明らかになった。ここに実は現代において探求すべき最大の人間的な問題がある。個人主義は一人ひとりの人格の尊厳と自由とを尊ぶ点ですぐれた意義をもっていたが、自己の自由を排他的に主張することによって他者の自由と尊厳とを排除してまで追求されるとき、その内実が変質し、個我主義のエゴイズムに転落していった。合理主義もそれ自体としては世界と自己との暗い蒙昧さを取りのぞき、明るい秩序にもたらす点で、啓蒙主義の優れた特質を形成していた。ところが資本主義体制においては目的合理主義の下に産業は合理化され、利潤を徹底的に追求するにいたり、人間はいつしか「感性を欠いた享楽人、精神なき専門人」(マックス・ヴェーバー)に変質し、合理化が社会において進行することによって人間をも物のように扱う即物主義や官僚主義に転落せざるをえなかったのである。

6 日本人の人間観

日本人の人間観といったテーマは余りに大きくかつ漠然としているので語ることがきわめて困難である。しかしここではそのいくつかの特質を指摘するに留めたい。ごく一般的な形でこのことをとくに明瞭に語っているは、自由民権運動の指導者、中江兆民『一年有半』の次の一節であると思われる。

諸外国の人と比べてみると、日本人は、ものごとの道理にたいへん明らかで、よくその時代の必要に応じて移り変り、けっして頑固な姿がない。これが日本の歴史を調べてみても、西洋諸国のように、悲惨でバカバカしい宗教戦争がない理由である、明治維新もほとんど刃ちぬらずして成功したのであって、三百の大名たちが先を争って土地と政治権力とを天皇にささげ、少しもぐずぐずしなかったのも、この理由からである。……そして日本人の軽佻浮薄というたいへん悪いやまいも、またここから出てくる。日本人の薄志弱行という大へん悪いやまいも、またここから出てくる。独創的な哲学がなく、政治には主義がなく、政治の争いにおいても長続きしない、その原因もここにある。つまり小ざかしくて、小利口で、偉大な事業を達成するには不適当な理由である。きわめて常識的な人間だが、常識以上にとび出すことは、とうてい望むことはできない。すみやかに教育の根本を改革して、死んだ学者よりも、生きた人民をつくり出す努力が必要だというのは、このためである。

ここに見事に指摘されているように、明治維新を見るとよくわかるが、日本人の善い面はものの道理がよくわかり、適切な行動ができ、宗教戦争などない。しかし、ものにこだわりがなさすぎて、軽佻浮薄になる。そこで教育を改革して、死んだ学者ではなく、生きた人間を創るべしと、兆民は提案している。また「ものの道理」に明るいため、日本には八百万の神がいて、唯一神は存在しなかった。そのため道徳的行動に絶対の基準がなく、状況に応じた対応が考えられてきた。

このことは日本文化の特色を純粋文化ではなく、雑種文化となしている。

したがって日本文化の特徴は、明治以後ではヨーロッパと自国の二つの要素が深いところで絡んでいて、どちらも抜き難いことである。つまり日本文化は雑種文化の典型となっているように思われる。ここでいう雑種とは民族自身が雑種だという意味である。ヨーロッパの文化がいかに深く日本に根をおろしているかという証拠は、日本風といわれるものがつねに精神的なものばかりで、現に日本の伝統的文化をたたえるその当人が自分の文章を毛筆ではなくてペンでかき、書斎では和服かもしれぬが外へ出るときは洋服である。つまり日本人の日常生活にはもはやとりかえしのつかない形でヨーロッパの文化が入っているということになる。政治・教育、その他の制度や組織の大部分も、西洋の型をとってつくられている。したがって和洋折衷は洋間と和室のように一軒のなかに混在し、そこには真の総合ということがなく、共存している。

実際、キリスト教圏の外で、ヨーロッパ文化がそれと全く異質の文化に出会ったら、どういうことがおこるか。それが日本文化の基本的な問題である。そこには徹底的な雑種性の積極的な意味がある。とりわけ、戦後の民主化の過程から生じた精神上の変化にはその後もとへひきもどそうとする力が加わったにもかかわらず、容易にもとへもどらない。そこには応答と言うことがなく、接木としてのヨーロッパ文化が採用されない。ヨーロッパの近代的市民社会は到達すべき目標ではなくて、日本の社会と比較対照して参考にすべきものにすぎない。第二次世界大戦後、あらゆる社会問題が政治的にも経済的にも国際化する傾向のある時代では殊に、外国を理解することが役立つはずであるのに、自分に役立つ点だけが採用される。ここに日本人の強烈な雑種性が認められる。

次に恥による行動様式について考えてみよう。文化人類学者ルース・ベネディクトの『菊と刀――日本文化の型』は日本文化に対し多くの問題提起をなし、これまで多くの議論を巻き起こしてきた。彼女は日本人の行動様式である文化を「恥の文化」と規定し、鋭い批判を展開した。

さまざまな文化の人類学的研究において重要なことは、恥を基調とする文化と、罪を基調とする文化とを区別することである。道徳の絶対的標準を説き、良心の啓発を頼みにする社会は、罪の文化 guilt culture と定義することができる。しかしながらそのような社会の人間も、例えばアメリカの場合のように、罪悪感のほかに、それ自体は決して罪でない何かへまなことをしでかした時に、恥辱感にさいなまれることがありうる。……罪を犯した人間は、その罪を包まず告白することによって、重荷をおろすことができる。……恥が主要な強制力となっているところにおいては、たとえ相手が懺悔聴聞僧であっても、あやまちを告白しても一向気が楽にはならない。それどころか逆に悪い行ないが世人の前に露見しない限り、思いわずらう必要はないのであって、告白はかえって自ら苦労を求めることになると考えられている。したがって、恥の文化 shame culture には、人間に対してはもとより、神に対してさえも告白するという習慣はない。幸運を祈願する儀式はあるが、贖罪の儀式はない。

ベネディクトはこのように「罪の文化」と「恥の文化」を規定している。だれもこの考察の正しいことを疑いうるものはないであろう。恥の文化が強力にわたしたちの間に支配してきたのは、日本の歴史的・地理的条件によると考えられる。四方を海に囲まれて、外敵の侵入も少なかった日本では社会変動が緩慢で、しかもわずかであり、社会の外的枠はそのまま保存しながら、内部調整によりたえず改革を実行することができた。さらに、何よりも超越的人格神との出会いの経験が欠如していたため、内面的な罪の自覚が乏しく、社会的制裁という外面的強制によって道徳が形成されてきたのである。「恥は他人の批評に対する反応である」とも言われているように、世評、世間体、外聞にもとづいてコントロールされる行動様式は恥辱感を原動力にしている。これに対し、他人がいなくとも、自らの良心に照らして行動するのが、罪と良心による行動様式である。

日本人の一般的な行動は個人の内面性よりも、社会的規範に対する意識が強く働いていて、良心は一種の忠誠心といったものとなっている場合が多い。たとえば以前に起こった航空機疑獄（ロッキード事件）によってこの点が非常に明瞭になった。日本人は上役や会社への忠誠心を重んじているため、その行動において忠誠心が重要な役割を演じていて、国会で良心にもとづいて誓約しておきながら、平気で偽証をしてしまう。これに対し、同じ事件に係わったアメリカ人の証言は人目をはばからず、真実をすべて告白し、驚くべきことに著書まで出版して公開したそうである。また私たちのあいだでは汚職事件等が集団でなされる場合も多く、「赤信号皆なで渡れば、こわくない」といった生き方が定着し、良心を麻痺させている現象が顕著に見られる。

Ⅲ　人間についての物語
——物語の人間学——

人間とは何かという問いは漠然としていて捉えどころがない。何かとはものの本質を問うのであって、どうしても抽象的になってしまう。たとえば「人間とは理性的動物である」という昔からの定義は、類概念の「動物」に種差「理性的」を加えて造られる論理学の定義であって、誰にでも当てはまる一般的な内容である。こうした定義の内容は人間の全体的な営みのうちに一貫して流れていても、それは抽象的な概念によって頭だけで理解されるものにすぎない。もっと個性的な把握はないだろうか。こうした個性的な理解は各人が個性的に営む歩みのなかに直接生(なま)の形で表われており、とりわけ「生活史」つまり「人生物語」のなかによく表現されていると思われる。

たしかに一人として同じ人間がいないように、各人が営む人生は一つの独自な物語として語られることが直ぐに見いだされる。実際、一般の人の目には隠されたひとりの人格の特質は、個々人がそれぞれ生きた人生物語のなかに生き生きと表現されている。それを知ると、わたしたちは驚きや、ときには畏敬の念を感じる。このような人生物語には抽象的な概念を使って一般化できない生ける生活体験が含まれており、それが自伝や歴史によって表出されることでわたしたちに伝達される。

現代解釈学の哲学者リクールは「物語的自己同一性」という概念によって人間にとって意味ある時間と通常の時間とが「物語」によって統合され、形象化されうると主張した。彼によると人生物語とは物語の筋にほかならず、筋とは出来事の組立てなのであって、筋による組立てが物語の論理を構成し、これによって人間の行為が説明され、理解されるようになる。これが「物語的理解」である。したがって人間とは何かという問いはこうした人生物語によって生活に即して答えられると言えよう。というのも人生を一つの物語として語ることによって、そこにいつも変わらずに表現されている「自己同一性」が把握されるからである。リクールによると、ある人物の「誕生から死まで伸びている生涯にわたってずっと同一人物であるとみなすのを正当化するもの」は物語しかない。実際、「物語は行為のだれを語る。〈だれ〉の自己同一性はそれゆえ、それ自体物語的自己同一性にほかならない」（リクール『時間と物語』第3巻、久米博訳、新曜社、一九九〇年、四四八頁。なお、この書において歴史・物語・現象学との関連に関しては久米博「ポール・リクール『時間と物語』における〈歴史学と物語論と現象学の三者会談〉について」『現象学年報』第八号、一九九二年、日本現象学会、参照）と言われる。ここに誕生から死にいたる全生涯を通して自分が同一人物であることが証しされる。

この物語の第一の形態は読み手と書き手が同一である「自伝」である。第二の形態はある共同体の歩みを物語った「歴史」である。だが歴史における自己同一性は、時間過程で変質することがあるので、各人の主体の特質を汲み尽くすことはできない。各人の個人的な特質が真の自己性を得るためには、どうしても倫理的責任をとる決意が必要とされる。「各人に、わたしはここに立つ、と言わせる決意」つまりルターのヴォルムス国会における決意が不可欠となる（リクール前掲訳書、四五三頁）。

こうして人生物語には各人に固有な生き方が表明されており、そうした表明のなかでわたしたちは生活の深みに存在する姿をも同時に把握することができる。この各人の最深の自己は、「魂」とか「心」もしくは「霊」と呼ばれる。もちろん各人の置かれた文化的状況によっては心の発現形態は相違するであろう。たとえばギリシア文化とヘブライ文化では人間の理解も世界の理解も相違するし、仏教とキリスト教では全く異質な自己理解を生み出している。さらに、わたしたちはこれらの自己理解の共通性をも確認することによって、同時に人間の時代的な特殊性をも豊かに捉えることができるのではなかろうか。

1　ギリシア悲劇における人間観

神話はミュートスと言われるが、それは「物語」の意味である。この物語によってわたしたちは根源的な人間性がその直接的印象によって、つまり嵐が吹き、稲妻のきらめく恐ろしい自然現象によって表出されていると理解することができる。したがって神々が支配を確立する以前の世界は混沌であり、必然性と宿命（アナンケとモイラ）が勢力をふるっており、人々は破滅の予感をダイモーンの襲撃として捉えていた。ホメロスもこのダイモーンについて語っているが、ここではまずソポクレスの『オイディプス王』から学んでみよう。

（1）『オイディプス王』の物語

オイディプスは人々がこぞって羨む知力と権力、富と名誉からなる幸福を一身にそなえもったテーバイの王である。すべての人が幸福であると考えているこのオイディプスという人間の根底に彼を破滅に追いやる恐ろしい宿命の負い目が突如としてあらわになってくる。彼が生まれたとき、その父ライオスはデルフォイの神託によりこの子が王家に不幸をもたらすと告げられたので、コリントスの山奥深い地で殺されるように手配した。しかし彼はそこにただ捨てられたに過ぎなかった。そして、不思議な運命の導きにより隣国の王家の王子として育てられた。長じて彼は自分の出生について疑いをもち、両親を求めて諸国遍歴の旅にたった。その途上デルフォイの神殿に神託を再度聞く旅に出向いた父に出会い、口論の末に自分の父とは知らずに父を殺害し、テーバイの町に降り立ってスフィンクスの謎を解き、その功績により王妃と結婚する。この王妃が自分の母であることを知るに及んで、彼は自分の不運を呪い、自分の眼をくりぬいて、放浪の旅に出立つ。予言者ティレシアスはこの恐るべき宿命を知っているが、人間の力をこえているゆえに、どうにもならない。「ああ、知っているということは、なんとおそろしいことであろうか――知っても何の益もないときには」と彼は嘆く。この宿命が次第に明らかになってくる状況について、オイディプスは王妃イオカステとの会話のなかで次のように語っている。


「その話を聞いてたったいま、妃よ、何とわが心はゆらぎ、わが胸は騒ぐことであろう」。

「おそろしい不安が、わたしの心をとらえる」。

「ああ人もしこれをしも、むごい悪霊のなせる仕業と言わなければ、このオイディプスの身

の上を、ほかに何と正しく言うすべがあろう」。　（藤沢令夫訳、岩波文庫、以下同じ）

オイディプスは破滅をこのように予感し、それを悪霊のダイモーンの仕業に帰している。合唱隊は嘆きの歌を、オイディプスが両眼をくりぬいて舞台に現われたとき、次のようにうたって、ダイモンの仕業を述べている。

おおおそろしや、見るにも堪えぬ苦難のお姿
わが目はかつてこれほどまでむごたらしい
観物をしらぬ。いたましや、どんな狂気があなたを襲ったのか。
どんな悪意のダイモーンが
めくるめくかなたの高みより跳びかかり
幸うすきあなたの運命を苛んだのか。

オイディプスの日常生活はこのダイモーンの力により破壊され、幸福な生と思いなしていた自己の存在がいかなる霊力の玩弄物にすぎなかったか、を悟るのである．この明朗な知性の人にし

のびよる破滅の予感はギリシア的憂愁の情念をよくあらわしている。この世界は秩序ある美しいものであるが、その根源は秩序以前のカオス（混沌）であり、そこに破滅と宿命のダイモーンが荒れ狂っている。生の現実はこのようなカオスであることをギリシア人は知っている。

（2）ソフォクレスの人間讃歌

ギリシア悲劇が盛えた時代にアポロン神殿の扉に「汝自身を知れ」という銘が書かれていたという。この自己自身を知る自己認識に勝って困難なことはなく、この認識が欠如したがゆえに、人は多くの悲劇を自らの手によって招来してしまう。この痛ましい事実は昔も今も変わっていない。そこでギリシア悲劇作家ソフォクレスの『アンティゴネー』で歌われている有名な人間讃歌をとりあげ、人間にとって自己認識がいかに尊いかを考えてみたい。

不思議なものは数あるうちに、
人間以上の不思議はない、
波白ぐ海原をさえ、吹き荒れる南風を凌いで
渡ってゆくもの、四辺に轟く

高いうねりも乗り越えて。
神々のうち　わけても畏い、朽ちせず
たゆみを知らぬ大地まで　攻め悩まして、
来る年ごとに、鋤き返しては、
馬のやからで耕しつける。

（呉茂一訳、岩波文庫、二七―二八頁）

ソフォクレスは人間の不思議な存在についてこのように語りだしている。その不思議な有様は航海術と農耕術にある、と続けて歌ってゆく。たしかに、この二つの技術こそ原始時代と未開時代から文明時代を分けている特質といえよう。さらに耕作術、狩猟術、家畜調教術、言語と知恵、建築と武術という具合に人間の技術が数えあげられる。だが人間には死という限界がある。「ただひとつ、求め得ないのは、死を免れる道、難病を癒す手段は工夫し出したが」。それゆえ人間の偉大さは世界を克服し、その秩序をみずからの力で創造してゆく技術や知恵に認められるが、人は死の限界意識によって神を怖れて生きなければならない。だから自己のみによって生きようとするなら、人間の偉大さは一転して不幸となる。これこそ悲劇を生みだす人間の傲慢であり、「汝自身を知れ」とのデルポイの箴言が警告する当の事態である。この「汝自身を知れ」という自己認識の要請こそ人間学の発端であって、そこには人間が永遠なる神のごときものではなく、有限なる存在にすぎないとの自己認識、つまり人間性の根源的所与もしくは人間性の条件への反省が説かれていた。

2　プラトンの人間神話

人間の低次の欲望を浄化して知恵に対する愛好、すなわち哲学へ導くことがプラトンの教育（パイデイア）の一つの大きな目的でもあった。それゆえ『饗宴』に述べられているエロスの思想を通して彼の人間についての見方を考えてみたい。

プラトンの『饗宴』は文学的に見ても最高傑作に属するものであり、愛の神エロスを讃美する六人の演説とアルキビアデスによるソクラテスの賞讃とから成っている。ここではその内容を詳しく語るのをやめて、二、三の点について論じてみたい。

(1)　人間についての神話

第四番目の演説者アリストパネスは喜劇作家であり、彼が語った太古の人間の姿は人間の本質を見事に捉えている。人間はもと三種族があって、男性女性の二種族のほかに両性をそなえた第三の種族「男女両性者」がいた。三種族とも充足した一つの全体をなし、四本の手と足、二つの似た顔、耳は四つ、隠しどころは二つもっていた。歩くこともできたが、急ぐときは八肢で体をささえ軽業師のとんぼ返りのように回転した。力が強くおそるべきもので、おごり高ぶる心をもち、神々に謀叛をくわだてた。ゼウスの神は人間たちの始末に困り、考えぬいたあげく、人間を真っ二つに両断し、二本足で歩行するようにし、もしなおも傲慢に走る気配が見えたらふたたび両断しようと決意した。アリストバネスの話しはさらに詳しく述べられているが、この神話の意味をプラトンは次のように説明している。

さて、こういうわけで、人間相互の間の愛というものは、まことにかくも大昔から、人間のなかに本来そなわっていたわけです。つまり、それは、太古本来の姿を一つに集めるものでもあれば、また二つの半身から一つの完全体をつくり、人間本来の姿を癒さんと努めるものなのです。……それは愛するものと一緒になり、一つに溶け合わされ、二人でありつつ一人になるということです。思うに、両人が、そういう気持になるというのも、じつに、僕たち人間の太古本来の姿が、そこにあるからなのだ。昔の僕たちが、完全なる全体をなしていたからなのだ。そして、その完全なる全体への欲求、その追求にこそ、愛という名がさずけられているのです。

（『饗宴』森進一訳、新潮文庫、五一頁以下）

エロスの本質は永遠に達せられることなき完全性、全体性への欲求と熱望である。人間についての神話はエロスの満たされることなき追求の表現であり、形而上学的あこがれをよく物語っている。プラトンはディオティマをしてこの説を批判し、エロスの欲求するものは半身ではなく、同時に「善」なるものでなければならないと語っている。しかし、いずれにせよ、この神話のなかに人間がもつ真の交わりと愛とが完成される理想的善がグロテスクとも思われる表現によりおぼろげながらも指示されている。

(2) エロス生誕の神話

ソクラテスに愛の奥義を教えるディオティマのエロス生誕の神話を通してエロスそのものの本質にまで迫っている。美の女神アプロディテが生まれた時、神々の宴がもよおされ、多くの神々にまじり知恵の女神メーティスの息子にあたる策知の神ポロスも同席していた。宴が終ったころ、ご馳走もでたので、貧窮の女神ペニアが物乞いに来り、酔いつぶれたポロスを見て、わが身の貧しさを思い、豊かなる策知の神ポロスの子を宿そうとたくらんだ。かくて愛の神エロスを宿した。時は愛の女神アプロディテ誕生祝賀の宴であったので、エロスはその性(さが)美を好み追求するものである。

こうして愛の神（エロス）は、策知の神ポロス、貧窮の女神ペニアの間に生れた息子でありますから、たまたまつぎのような天賦の者となりました。まず一方では、いつも貧しい。そして、多くの人が考えているように、たおやかで美しい、などとは思いもよらぬことで、むしろ粗野な、ひからびた、靴もなければ家もなく、いつも臥床を持たぬまま大地に横たわり、門や道路のそばで、大空をいただいて眠るのです。それというのも、母の性を享け、つねに貧窮を友としているからなのです。ところが他方、父の性に従い、善美なるかぎりのものに狙いを定めてやみません。勇気、進取、熱情の者、腕も冴えた狩人なのです。生涯を通じて知を愛する者、腕もたしかな魔術者、魔法使い、またかの知者。……

さらにまた、知と無知との中間に位しております。……なぜなら、知とは、もっとも美しいものの一つに属していますが、しかも愛の神とは、その美しいものへの愛なのですから、当然愛の神は、知を愛するものとなりましょう。そして知を愛する者である以上、当然、知者と無知者の中間にも位しましょう。こうした性質が、愛の神に備わっていることの理由は、ほかならぬその誕生にあるのです。つまり、知者で策士を父となし、無知で、貧困なる者を、母としているためなのです。

（前掲訳書、八二頁、八四頁）

これがエロス生誕の神話についてのプラトンの説明である。エロスは美と醜、富裕と貧窮、知恵と無知、神と人との中間に位置し、両極の間に運動し、価値のあるものを求める追究心である。それは知恵に対する愛好心としての哲学の精神にほかならない。プラトンはこの人間の愛を次第に高めていって、真実のイデアの観照にまで至らせている。愛慾の究極目的が、出産に見られるように、類としての人間の不死である。この不死の概念をプラトンはまず自然哲学的見地から、つぎに倫理的見地から、さらに形而上学的見地から考察し、エロスを次第に昇華して哲学の最も深い洞察にまで導いている。

3　二つの愛の物語

イエスが説くキリスト教の愛とローマの作家オヴィディウスの愛とは全く相違する。そこでこの関係を「二つの愛」の物語から比較して見よう。

(1) イエスとサマリアの女の物語

聖書にはイエスが人々と対話している物語が数多く記されている。ここではヨハネ福音書第四章に記されている、イエスとサマリアの女との間に交わされた対話からなる物語をとりあげてみよう。それは当時政治的に対立していたサマリアを通過してイエスが郷里のガリラヤへと帰られる途次スカルという村にあった歴史上有名なヤコブの井戸にさしかかったときの物語である。

彼は渇きを覚えたのでそこに瓶をもって水汲みにきていたサマリアの女に当時のしきたりに逆らって「水を飲ませてください」と語りかけた。レンブラントが描いている「サマリアの女」を参照すると、対話の光景がほうふつとしてくる。イエスは井戸端に座しており、やや疲れた顔をしているが静けさが辺りに漂っている。背景には弟子たちであろうか人々が食物を買いに行って帰ってくる様子がぼんやりと示されている。女は少し太り気味で、真剣に考えを集中している感じに描かれている。そこには結婚問題で重荷を負っていることがはっきりと分かり、イエスが彼女に向かって静にかつ深く心にしみ入るように語りかけ、相手の応答を引き出す。対話は身体の渇きを癒す「水」から始まり、「永遠の水」へと飛躍的に進展し、夫婦に見られるような親密な間柄から神と人との真実な親しい関係という礼拝にまで発展している。こうしてユダヤ対サマリアといった政治的な共同体の対決とは全く異質な神と人との霊的な交わりの共同体にまで話しが進展している。

この物語における対話の展開を追っていくと演劇のようには筋が通っていないことに気づかされる。飲む水から活ける水へ、さらに永遠の水への進展は理解できるとしても、「夫」への飛躍は筋が通っていない。イエスは真剣ではあっても肉感的な女性のなかに何か通常でないものを感じ取り、「夫を連れてきなさい」と問いかけた。この直観は対話の唯中でひらめいたものにほかならない。突発的な飛躍と劇的な展開こそ対話的語りに付き物の特質であるといえよう。この質問に触れて女は自己の生活を反省し、自分が五人の夫を以前もっていたが、今の非合法な関係であることを言い当てられるに及んで、彼女はイエスを予言者として認識するに至っている。そこから対話がさらに展開していって、イエスがキリストであることの自己証言が引き出される。

この物語ではイエスは敵対関係にあったサマリア人に心を開いて積極的に対話している。すると相手もそれに応じて心を開き対話に参加してくる姿が生き生きと描き出される。このことは聖書的なメッセージとして語られている真理を表明している。つまり聖書で繰り返し語られているように、神がまず私たちを愛してくださり、私たちも神を愛するようになったという真実が告げられている。それゆえ、この対話物語に示される注目すべきことは、イエスの行為が先行し、対話の関係が始まり、彼の愛の導きによって育まれて互いに愛するように造り変えられている事実である。ここからイエスは「私は新しい戒めをあなたがたに与える。互いに愛し合いなさい。私があなたがたを愛したように、あなたがたも互いに愛し合いなさい」（ヨハネ一三・三四）と語った。ここで重要なのは「私があなたがたを愛したように」というイエスの愛の先行であり、イエスとの交わりによる私たちの愛の改造である。キリスト者はイエスとの交わりにおいて愛の人に造り変えられ、他者を愛する者となっている。そして究極においては敵をも愛するものにまで造り変えられていく。ここに「真実の愛」が実現する。

(2)　オウィディウスのナルキッソスとエコーの物語

次に古代ギリシアに目を向けて見よう。ソクラテスも対話する哲学者であり、問答法により真理を探究したことはよく知られている。ところで哲学者ゼノンは「人間は耳を二つもつが、口は一つしかないことを忘れるな」とかつて語って、対話で重要なことは「語る」よりも「聞く」働きであり、人間は本性上を「聞く」働きを二倍もそなえている点を指摘した。それゆえもし人がこの事実に反して、他者に聞くことなく、自分の主張だけを語り、相手を無視して自己主張に走るとしたら、どうなるであろうか。とくに自分の語ったことばの反響であるエコーだけしか聞かないとしたらどうなるのか。「ナルキッソスとエコー」の昔話こそこうした場合に生じる不幸の実体をありのままに物語っている。オウィディウス作『変身物語』巻三にはこの物語がおおよそ次のように述べられる。

予言者ティレシアスにより「自分を知らないでいれば」老年まで生きながらえると告げられたナルキッソスは、美少年であったため、多くの若者や娘たちが彼にいい寄ったが、非常な思いあがりのゆえに、だれ一人にも心を動かさなかった。ところが、他人が語っているとき黙っていることができず、また自分から話し始めることもできないこだまの妖精エコーが彼を恋するようになった。

以前このエコーのおしゃべりで困り果てたユピテルの妻ユノーは、話の終わりだけをそのまま返す範囲に彼女の舌を狭めてしまったのだった。そんなわけで彼女は相手の言葉の終りだけしか返すことができなかったので、もとよりナルキッソスに甘い言葉をささやくことはできなかった。偶然にも一度だけうまく彼にとり入るチャンスがあったが、はねつけられてしまった。そこでエコーは森にひそみ、声のみにやせほそっていった。ついに彼女が「あの少年も恋を知りますように。そして恋する相手を自分のものにできませんように」と祈ると、復讐の女神がこれを聞きとどけたのであった。

彼女の復讐はこうして起こった。あるときナルキッソスは泉に渇きを静めようとし、そこに映った自分の姿に魅せられてしまった。彼は「実体のないあこがれを恋した」のである。こうして彼に次のような罰が下ったのである。

何もかにも感嘆するのだが、それらのものこそ、彼自身を感嘆すべきものにしている当のものだ。不覚にも、彼はみずからに恋い焦がれる。相手をたたえているつもりで、そのじつ、たたえているのはみずからだ。求めていながら、求められ、たきつけていながら、同時に燃えている。

(中村善也訳)

この恋には相手がいない。あるのははかない自分の虚像にすぎない。「おまえが求めているものは、どこにもありはしない。お前が背をむければ、おまえの愛しているものは、なくなってしまう。おまえが見ているのは、水にうつった影でしかなく、固有の実体をもっていない」。こうして、この偽りの姿を見つめながら彼は滅びてゆく。彼は絶望して叫ぶ「わたしには恋しい若者がいて、彼を見ている。だが、この目で見ている恋の相手が、いざとなると見当らないのだ」と。

ついに少年はそれが自分自身であることを知り、予言者ティレシァスの言葉の通り狂乱状態で死んでゆくのである。

高慢にも他者の存在を無視し、自分の姿に恋して水仙と化したナルキッソスも、一方的におしゃべりしたため相手の言葉の終りだけを反響するように罰せられたエコーも、他者の固有の存在に関係することがなかった。そこには正しく聞いて適切に答える対話の精神が全く欠如していた。

このギリシアの知性が生み出した昔話が語る真実を、先の聖書の物語に加えて「真実の愛」の本質についてもう一度考え直してみたいものである。

4　アウグスティヌスの回心物語

パウロから三世紀余を隔てたキリスト教的古代に生じた典型的な回心は、アウグスティヌスのそれであり、彼は古代の哲学的思想体系をもって自己形成を行ない、古代の古典的な教養を身につけていた。それゆえ彼の回心は「世紀の回心」といわれるように、古代末期から新しい中世への大転換を引き起こす基ともなっている。その著作『告白録』には彼がどのように古代思想を自己のものとしていったか、またそれによっては内心の不安と葛藤また苦悩が癒されず、キリスト教の福音によって初めていかに金銭・名誉・女性に対する欲望に打ち勝つことができたかが語られている。とりわけ、女性に対する欲望は手強く、理性と感性との二元的な相克を引き起こす激しい内心の分裂を彼は経験し、それからの救済を願い求めた。このような自己の罪性の自覚から、その救いを求める生き方と探求の態度は、パウロには見られなかったものである。その回心はこの欲望に打ち勝って、心身の全体をあげて神に献身することによって初めて成立した。ミラノの「庭園のある家」での回心の記事は次のように叙述されている。

しかし、深い考察によって、魂の奥底から、自分の内にあったすべての悲惨がひきずりだされ、心の目の前につみあげられたとき、恐ろしい嵐がまきおこり、はげしい涙のにわか雨をもよおしてきました。私は声をあげて涙を流すために、立ち上がってアリピウスから離れました。……私はというと、どのようにしてであったかおぼえていませんが、とあるいちじくの木陰に身を投げ、涙のせきを外しました。すると目から涙がどっとあふれでましたが、これはあなたによみせられるいけにえだった。……私はこういいながら、心を打ち砕かれ、ひどく苦しい悔恨の涙にくれて泣いていました。すると、どうでしょう。隣の家から、くりかえしうたうような調子で、少年か少女か知りませんが、「とれ、よめ。とれ、よめ」という声が聞こえてきたのです。瞬間、私は顔色を変えて、子供たちがふつう何か遊戯をするさいに、そういった文句をうたうものであろうかと、一心に考えはじめました。けれどもどこかでそんな歌を聞いたおぼえは全然ないのです。私はどっとあふれでる涙をおさえて立ち上がりました。これは聖書をひらいて、最初に目にとまった章を読めとの神の命令にちがいないと解釈したのです。……そこで私は、いそいで、アリピウスのすわっていた場所にもどりました。そこに私は立ち上がったときに、使徒の書を置いてあったのです。それをひったくり、ひらき、最初に目にふれた章を、黙って読みました。「宴楽と泥酔、好色と淫乱、争いと嫉みとをすてよ。主イエス・キリストを着よ。肉欲をみたすことに心をむけるな」。私はそれ以上読もうとは思わず、その必要もありませんでした。というのは、この節を読み終わった瞬間、いわば安心の光とでもいったものが、心の中にそそぎこまれてきて、すべての疑いの闇は消え失せてしまったからです。（『告白録』山田晶訳、「世界の名著14」、二八四―八六頁）

彼の回心は、パウロのローマ信徒への手紙第一三章一三―一四節を読んで起こっているように、身体的な欲望、つまり情欲からの解放が最大な問題であった。したがって内心の分裂は心身問題と関連しており、「貞節」の声と「情婦」の声との戦いとしても叙述されている。このような対決状態にあっても、なお、不決断の内にさ迷っていたとき、自己の外から聞いた「とれ、よめ」(tolle, lege)の声に促されて聖書を開き、その言葉にしたがって回心の決断がなされたのである。こうした内心の分裂によって生じる苦悩からの救済を求めて回心がここに起こっているが、この種の回心の経験は中世を通じて模範となった。

5 ルターにおける神とサタンの闘争物語

宗教改革時代のドイツの画家アルブレヒト・デューラーの「騎士と死と悪魔」に描かれた悪魔が真に貧弱でみすぼらしい姿をしているのに、ルターと同時代のグリューネヴァルトの悪魔は激しくキリストに襲いかかっている。これと全く同じくルターも人間が神や悪魔によって攻撃を受け、その支配下に立って試練となっている姿で捉えていた。彼は『奴隷意志論』で次のようにこの点をはっきりと提示する。

> 人間の意志は〔神とサタンの〕両者の間にいわば荷役獣のように置かれている。もし神が占拠するなら、それは神が欲するところへ欲し、かつ、行くのである。……もしサタンが占拠すれば、サタンが欲するところへ欲し、かつ、行くのである。いずれの騎乗者のところに馳せ、彼を獲得するかは自分の選択力にはない。むしろ騎乗者たちの方が、いずれがこれを捉え、所有するかとせり合っている。(Luther, WA. 18, 635 = CL 3, 126, 23-28)

だからプラトンがその著作『パイドロス』で描いた騎乗者は魂であって、身体を御しているのと全く正反対に、ルターでは神やサタンのほうが騎士や騎乗者であり、人間のほうが馬なのである。そのさい神とサタンという人間の権能を超えた実在が争い合って人間の心にその支配権を確立しようと戦っている。こういう力は人間の理解を超えた実在であって、形而上学的対象である。だが、このような神とサタンとの対決についてルターはマニ教徒のように形而上学的な思弁をもてあそんでいるのではない。彼にとって二元的に対立する世界は生ける現実の経験からえたものである。人間は神とサタンとのいずれかの支配に服している存在であって、いずれに付くかを決定できる自由を人間はもっていない。この宿命的とも見える思想を支えているものは、人間の良心の現実と歴史の世界である。良心は神とサタンとが覇権を確立しようと抗争する戦場である。

元来、良心は繊細な感受性をもっているので、自己に働きかける力の影響を受けやすく、それによって圧倒される傾向がある。神の恩恵の下に立つと良心は慰められ喜ばしいものとなり、サタンの下に立つと良心自身が一つの悪魔と化し、自己を激しく告発し、地獄をつくりだす。この後の状態がルターのいう「悪魔の試練」であり、彼はこうしたサタンや悪魔の化身が現実の世界に跳梁するのを見てとり、悪霊に憑かれた人たちの行動にプロテストし、たとえば教皇に対し「アンチ・クリスト」なる激烈な表現をもって反撃に転じた。ここには神とサタンとか共演するドラマが展開する。

6　ゲーテの「ファウスト」

近代的人間の特質をその人間観にもとづいて解明すると、それは合理主義と個人主義という二つの特徴をもっている。こうした人間像に固有な姿とそれに起因する運命とは文学作品のなかに見事に描きだされている。私たちはこの種の多数の作品の中から、ヨーロッパ文学ではゲーテの『ファウスト』をその代表作として選び、そこに展開される物語を通して現代の人間観と運命とを考察してみよう。

ファウストは一六世紀の伝説的人物であり、この作品のはじめに書斎で独白するところにその人物像が明白に示されている。

ああ、こうしておれは哲学も、
法学も医学も、
いまいましいことに役にもたたぬ神学まで、
あらんかぎりの力を絞って、底の底まで研究した。

（手塚富雄訳、以下同じ）

ここにあげられている学問は中世の大学の全学部に相当している。彼はこの知識を引っ提げて学生たちに巨匠のごとく君臨していたけれども、実際は何も知っていないことを告白する。ここにルネサンスに特有の万能人の姿が彷彿としてくる。しかし、知識がどんなに広大で深遠であろうとも、理性だけで人は生きるものではない。そこには感性と欲望とが渦巻いていてこそ人間といえよう。それゆえ、一方には理性が、他方には感性がファウストの心を引き裂くことになる。こうした二元的に分裂した人間像こそファウストのなかに見られる姿である。「天上の序曲」において悪魔のメフィストフェレスは、神に向かって次のように語っている。

人間というこの世の小さい神さまはいつもおんなじ型にできていて、
いまでも、初めの日にあんたがつくったとおりの変妙な代物だ。
せめてあんたがあいつらに天の光のはしくれをおやりになっていなかったら、
あいつらもちっとはぐあいよく暮らしていくことができたでしょうがね。
人間は理性という名をつけてそれを使うが、それはただ、
どのけものよりももっとけものらしいけものになろうためなんだ。

神からの光がここでは理性とみなされているが、現実にはその正反対な生き方に転落している。
こうして理性と獣性とに引き裂かれた人間像が生まれてくる。

天からはいちばん美しい星をとろうとし、
地からは極上の快楽を要求する。
近いものも遠いものも、
やすみなしに騒いでいるあの胸を鎮めることはできないのですね。

さらにこの分裂は心の内深く巣くっている。ファウストは助手のワーグナーに次のように語って慨嘆する。

ああ、おれの胸には二つのたましいが住んでいる。
その二つが折り合うことなく、たがいに相手から離れようとしている。
一方のたましいは荒々しい情念の支配に身をまかして、
現世にしがみついて離れない。
もう一つのたましいは、無理にも埃っぽい下界から飛び立って、
至高の先人たちの住む精神の世界へ昇っていこうとする。

ところでファウストは魔法の力を用いてでも精神の高みに上昇しようとするが、大地の霊に「お前はおれに似ていない」といわれて、絶望し、自殺を決意する。そのとき復活節の鐘の音を聞いて死を思い止まり、祭りに出かけた帰り道に、むく犬の姿を借りて近づいてきた悪魔と結託して世俗の世界に入っていく。彼が悪魔と契約した次のことばに近代人の本質が見事に表明されている。

おれには快楽が問題ではない。
おれは陶酔に身をゆだねたいのだ。
悩みに充ちた享楽もいい、恋に盲いた憎悪もいい、吐き気のくるほどの歓楽もいい
さっぱりと知識欲を投げすててしまったこの胸は、
これからどんな苦痛もこばみはせぬ。
そして全人類が受けるべきものを、
おれは内なる自我によって味わいつくしたい。
おれの精神で、人類の達した最高最深のものをつかみ、
人間の幸福と嘆きのすべてをこの胸に受けとめ、
こうしておれの自我を人類の自我にまで拡大し、
そして人類そのものと運命を共にして、ついにはおれも砕けよう。

ファウスト的人間像はここに内なる自我の激烈な衝動に駆られて自律する姿とそこから生じる運命とにもとづいて描かれている。しかもこの自我は本質において力であり、不断に拡大して止まない膨張力である。こうしたエックスパンションという特質こそ近代資本主義社会を推進させ

ている経済力に固有なものであり、これによって経済と人間とを結ぶ運命が近代人に宿ることになる。しかも彼はこの運命を予感し、「ついにはおれも砕けよう」と語って、この宿命を自己の意志によって内に招き入れようとする。近代人の自我は人類大にまで膨張し、その可能性のすべてを味わい尽くして自己破壊を引き起こすほどの恐るべき力をもっている。ファウストの悲劇は自己の欲望によって引き寄せられるものであって、天上と地下の二つの方向へと二元的に分裂する心の病に苦しんでいる。ここではファウスト物語のすべてに触れることができないが、それは近代人の辿る運命を典型的に指し示している。

7　ドストエフスキーの「カラマーゾフの兄弟」

ドストエフスキー（一八二一―八一年）の代表作は未完に終わった最終作『カラマーゾフの兄弟』である。この作品に登場するニヒリストのイワンを典型とする新しい人間像を考えてみたい。そこにはドストエフスキーが創造したカラマーゾフの世界が展開し、父フョードル、長男ミーチャ、次男イヴァン、末子アリョシャがそれぞれ個性豊かに描かれている。主題は「偉大なる罪人の生涯」であり、作品は未完成で終わっている。

ここではまずイヴァンが作成した「大審問官物語」を問題にしてみたい。大審問官は一六世紀のカトリック教会の化身であるといえよう。この教権組織によって保証された自由はキリストが与えようとした良心の自由とは本質的に異なっている。大審問官は人間性の邪悪なこと、無力で背徳的であり、「謀逆を性とする存在」であることを力説し、これに対処する最善の方法はパンと奇跡と権力支配であるという。ところがキリストは荒野の誘惑で悪魔から試みられたとき、これらをすべて退けてしまった。それに対し大審問官は悪魔と結託し、キリストの事業に訂正を加え、良心の自由は大衆には理解できず、かえって敵対を買うだけであると主張する。というのは謀逆を性とする人間性の奴隷状態のゆえに、良心の自由は選択の自由として大衆を悩ましているがゆえに、大衆に良心の平安を与えるためには教権組織によって良心を拘束し、権力支配を確立しなければならないからである。イワンは人生を悲惨が満ちた墓場であり、人生の苦悩は癒されるものではないと考え、邪悪な人間性の限界内で政治組織と権力支配によって幸福を勝ちとろうとする。だが弟のアリョーシャは神への信仰によって邪悪な欲望から解放され、良心の自由を得て世界を新しく見直し、人生そのものから学んでいこうとする。

この劇詩においてドストエフスキーは近代的人間の宿命を描いている。近代人の信仰である「自律」、つまり「行動の主人」としての自由は、やがては無神論的なヒューマニズムを生み出し、それは結局、権力主義に陥り、人間の自由が隷従に転落せざるをえない。それゆえ彼は無神論を最終的な帰結にまで導いていき、イワンは発狂し、『悪霊』のスタヴローギンは自殺し、ともに自己破壊に終焉する運命を追求している。ここに自由の両義性と人間存在の悲劇性とが明らかにされ、明瞭に認識されている。

イワンは父親殺しに荷担し、良心の呵責に陥っている。イワンの悪魔は良心なんてものは社会的習慣の産物にすぎない、だから良心のやましさを超えて、社会的諸規範を打破する超人の自由、つまり神になろうと説いている。この点では『道徳の系譜』におけるニーチェの考えと一致する。良心の社会的形態はいずれにせよ認められている。このような良心を権力によって支配する力への意志の問題は、先に述べたように劇詩「大審問官」において展開している。大審問官はキリストが良心を権力によって支配するのではなく、かえってこれを自由にした点を非難する。

人間にとって良心の自由ほど魅惑的なものはないが、これほど苦しいものもないのだ。ところがお前は人間の良心を永久に安らかにするための確固たる基盤を与えるかわりにあるかぎり非凡なもの、謎めいたもの、不明瞭なものを選び、あるかぎりの、人間の力にあわないものを選んだ、そしてそのためお前の行動はまるで彼らをまったく愛していないのとおなじようなものになってしまった、……しかもそれをしたのがだれかといえば、彼らのために自分の命を投げだしに来た人だったのだ。

人間の心には社会的規範があまりに入りこんでいて、その深みが理解できないものになっている。ドストエフスキーはこの点を見ぬいているといえよう。

良心が作用する次の領域は倫理的な道徳の次元である。『罪と罰』のラスコーリニコフは老婆殺しの罪責に苦しめられるのであるが、ドストエフスキーの描く人間は単純な人間ではない。ラスコーリニコフもまた卑劣な人間であって、犯罪をかくし、社会的正義や福祉のためなら法を犯し血を流して、世の掟を踏み超えることは許されているという誇らしい信念をもっている。だから、「道徳的感情」としての良心をもっていないように思われやすい。彼の妹はいう「じゃ、良心の呵責はどうなんですの。あなたは、そうするとつまり、兄には道徳的感情なんて一切ないと見ていらっしゃるんですの」と。ラスコーリニコフの道徳的良心は、人類の福祉のためなら個人は犠牲になってもかまわないとみなし、罪を罪として認めることができず、合理的な判断によって単なる失敗にすぎないのだと言う。これはシベリヤの徒刑生活においても変わらない。次のように彼は語られている。「ああ、彼は自分で自分は罪人であると認めることができたら、どんなに幸福だったろう。彼は自分の過去になんら特別恐しい罪など発見できず、発見できたのはだれにでもありがちな失敗だけだったのである」。

道徳的良心の虚偽はこのようである。罪を罪として認めることが可能になるためには、良心がさらに深い次元にまで達していなければならない。それゆえ真の悔い改めはソーニャの愛のなかで彼に起こっている。そこには良心の宗教的で超越的な領域が認められている。

だが宗教的な領域は永遠者の前に、神の前に立つ良心によって示される。そこには人間の目には隠しおおせても、決して見過ごすことのない人間の心を見通す神の前に立つ自己の意識として良心が考えられている。『カラマーゾフの兄弟』のイワンとスメルジャコフの対話はそのよき事例である。

「ここに疑いもなくもなくそのひとが、第三の者がいますよ、われわれふたりのあいだに」。「それはだれだ。だれがいるんだ。第三の者ってだれだ」とイワンはびっくりして言いながらあたりを見まわして、急いで隅々をくまなく目でさがした。「その第三の者っていうのは神さまですよ、それはほかならぬ神です。神がいまここに、われわれのそばにいるんです。だけどさがしたってだめですよ、見つかりやしませんから」。

二人の無神論者がなかば狂いながら人と人とのあいだにあって心の奥深く隠された事実を裁く第三者としての神を証言する。罪を神の前に告白し、新生することなしには良心の呵責はおさまらない。しかし無神論的人神の立場はこの真の悔い改めにいたることなく、自殺するか発狂するかしてしまう。このような悲惨な有様をドストエフスキーは描くことによって人間の本来あるべき姿を間接的に伝えている。

8　シャミッソーの『ベーター・シュレミールの不思議な物語』

シャミッソー（Adelbert von Chamisso）は『ベーター・シュレミールの不思議な物語』（一八一四年）のなかで、自分の影を売った男が魔法の金袋と価値が全くない自分の影とを交換する様子を次のように物語る。

「どうぞこの袋を手にとって、おためしになってください」。男はポケットに手を入れると、手ごろな大きさで縫目のしっかりしたコルトバ革製の袋を丈夫な革紐ごとたぐり出して私の手にのせました。ためしに袋に手を入れて引き出すと十枚の金貨が出てきました。もう一度手を入れるとまた十枚、さらに十枚、もうひとつ十枚というわけです。「よし、承知だ。こいつと影とを取り換えよう」。私は男の手を握りました。すると男はこちらの手を握り返し、ついで私の足もとにひざまずくと、いとも鮮やかな手つきで私の影を頭のてっぺんから足の先まできれいに草の上からもち上げてクルクルと巻きとり、ポケットに収めました。つづいて立ち上がってもう一度お辞儀をすると薔薇の茂みの方へ引き返していったのですが、歩きながらクスクス笑いを洩らしていたようでした。私はといえば、後生大事に袋の紐を握りしめていたのです。陽がさんさんと射しこめるなかで、すっかり正気を失っていたようです。

（シャミッソー『影をなくした男』池内紀訳、岩波文庫、一九―二〇頁）

ここでの奇跡は神のではなく、悪魔の奇跡である。この場面はファウストが悪魔と契約を交わす伝承を彷彿とさせている。ファウストも現世の快楽と引き替えに魂を悪魔に売ったのであった。信仰が失われてゆく世俗化が侵攻してくると、単なる快楽から「金貨」に的が絞られてくる。この引用の少し前には「わたしは目の前に金貨がキラキラきらめいているような気がしました」とある。この金貨に目がくらんで引用の最後には「すっかり正気を失っていたようです」とある。これは世俗化による自己喪失を描いているようである。そしてこの文章の直前には「陽がさんさんと射しこめるなかで」とある。つまり太陽の光を受けて生きるのが人間の本来の姿であって、それは太陽の光を受けて生じる「影」によって知られる事態なのである。ここでの取引は「魂」ではなく、「影」であるところに悪魔の誘惑の本領が発揮されている。悪魔は悪しき霊である。元来は「光の天使」であった悪魔は「堕天使」となって、神の光が射さない暗黒の世界に青年を引きずり込んでいる。だからこの物語は、主人公がそれとは知らずに悪の誘惑に陥っていく有様を描いており、金袋と影との交換条件が示される。影というのは魂ではないし、取るに足りない影に意味があろうはずがない。影なんかは中身もなければ値打ちもない馬鹿げたもののように思われる。ここに悪魔の欺きがある。

このような情景は『プロテスタンティズムの倫理と資本主義の精神』の末尾でヴェーバーが説いた「末人たち」つまりかつての宗教的な霊的生命を喪失して「亡霊」となった現代人の姿を良く表現している。この物語では「影をゆずってはいただけませんか」と灰色の服を着た謎に満ちた男にこわれて、青年がそれと引き替えに「幸運の金袋」を手に入れるが、大金持ちになったものの影がないばっかりにさまざまな苦しみを味わうというメルヘン調の物語である。

レヴィ・ブリュールの『未開社会の思惟』を読んでみると、未開社会の人たちは人の「影」を踏むと、その人は死ぬと信じており、森の開けたところを通過するときには影を踏まれないように警戒している姿が記されている。彼によると「原始的心性は集団表象においては、器物・生物・現象は、我々に理解しがたい仕方により、それ自身であると同時にそれ以外のものでもあり得る」(レヴィ・ブリュール『未開社会の思惟』岩波文庫、上巻、九四頁)。そうすると影が人間の目には見えない生命現象と融合して表象されうることになる。わたしたちが考察している「霊」や「霊性」も目には見えない現象である。生命現象でも先にシェーラーが分析したように実験科学の対象になる部分と対象とならない部分とがある。魂も心理学の対象になる部分とそうでない部分とがある。科学を導いているのは理性であり、これは昔から「自然本性の光」(lumen naturale) と呼ばれていた。人間の霊にはこの光が射さない。だからルターは神秘主義の用法を借りてこれを「暗闇」(tenebrae, caligo) と言ったが、「影」(umbra) と言う場合もある。霊は見えないが、光が射すところに「影」として反映している。それは霊の反映といえよう。これが欠けている者は霊性を完全に喪失した人間であり、世俗化の極致ではなかろうか。

したがってシュレミールは、影がないばっかりに世間の冷たい仕打ちに苦しまねばならないという辛い経験をなめることになる。物語の終わりに彼はやがてあの不思議な袋を悪魔がよこしたものであると悟り、魔法の袋を投げ捨て、残ったわずかなお金で古い靴を一足買う。はからずもそれが魔法の七里靴であった。七里靴はシュレミールを楽々とよその大陸へ運んでいく。こうして彼は魔法の袋という悪魔の奇跡を断念したその瞬間に、あらゆる大陸で大自然の奇跡を探り、研究する可能性が開かれてくる。シャミッソーは主人公を世俗的夢からひき離して、太陽が燦々と輝く世界、実に奇跡に満たされた現実の世界へ導いていく。

9　漱石の『こころ』

わたしたちは日本人の人間観の一つの事例として前章で恥の問題を取り上げたが、夏目漱石の代表作『こころ』の物語によってその事態をいっそう鮮明に把握すべく試みてみよう。

この作品で恥は一般に性的羞恥心として頻繁に用いられている。文学の研究をしていた主人公の「先生」は友人と共にすばらしい「お嬢さんのいる家に下宿する。この人の精神的志向が高ければ高いほど、身体的欲望が無自覚のうちにも羞恥をおこしている。また恥は社会的な領域でも用いられていて、「私は自分で自分が恥ずかしいほど、きよときよと周囲を見回していました」と表現される。周囲や世評、外聞や世間体を重んずる心は日本人特有の恥の形態である。恥は「心」の「耳」と書くが、その耳が内に向かわないで外の声に向かって傾くところに日本的心性が顕著になっている。さらに恥は他者の前に立ちながらも自己に向かうことにより、内面的な自己認識にいたり、ほとんど良心と同じ意味で用いられている場合もある。それは「先生」がその友人Kに対してもつ恥の場合である。

彼と私を頭の中で並べてみると、彼のほうがはるかに立派に見えました。「おれは策略で勝っても人間としては負けたのだ」という感じが私の胸に渦巻いて起こりました。私はその時さぞKが軽蔑している事だろうと思って、一人で顔をあからめました。しかし今さらKの前に出て、恥をかかせられるのは、私の自尊心にとって大いな苦痛でした。

ここで恥は「自尊心」を傷つけるものとして理解されている。自尊とは自分自身の品位を尊ぶ心であって、それを傷つける恥は良心現象と同質であるといえよう。大西祝はその『良心起源論』で自尊心と恥と良心の三者の関係について次のように語っている。

また他人の毀誉褒貶を受くる者に於て、若しいささかも自身の品位を重んずるの心なく、自身の品位より見てそのように行うべき筈のもの、しか行はざるは我が保つべき品位より見て一段下れるものなりと思ふの心なくば、如何にして我名を惜み我に不似合なる卑劣の行為を恥づるの心を生ずべきぞ。而してその如くに卑劣の行為を恥ぢて自身の品位を重んずるの心には、既に予輩の所謂る良心の心識を仮定し居るにはあらざる乎。

明治時代に活躍した日本の哲学者大西礼は自己の品位を重んじる心を良心とみなし、卑劣を恥じる心がそこから生じるという。こういう恥は良心と同質であるといえよう。さて『こころ』の場合、「先生」の自尊心は実行せる卑劣な行為のため恥によって打ち砕かれ、良心の罪責感から解放されるためには、どうしても自己の行為をその友人Kの前で罪として告白しなければならない。彼がKに告白すべきだという良心の告白衝動は強かったのであるが、日本人特有の「恥の隠蔽衝動」によって抑止されてしまう。漱石はこの恥と良心の動的関連を実に見事に捉えている。Kには偽って病気であると言いながら、ひそかに求婚し、外出してから下宿に帰ってきてKに会ったときの状況が次のように語られている。

Kに対する私の良心が復活したのは、私が宅の格子をあけて、玄関から座敷へ通る時、すなわち例のごとく彼の室を抜けようとした瞬間でした。彼はいつものとおり机に向かって書見をしていました。彼はいつものとおり書物から目を放して、私を見ました。しかし彼はいつものとおり今帰ったのかとは言いませんでした。彼は「病気はもう癒いのか。医者へでも行ったのか」と聞きました。私はその刹那に、彼の前に手を突いて、詫まりたくなつたのです。しかも私の受けたその時の衝動は決して弱いものではなかったのです。もしKと私がたった二人広野のまん中にでも立っていたならば、私はきっと良心の命令に従って、その場で彼に謝罪したろうと思います。しかし奥には人がいます。私の自然はすぐそこで食い留められてしまったのです。そして悲しい事に永久に復活しなかったのです。

良心の復活は「刹那」の出来事であった。それは日常性を突き破って襲ってくるものであった。「いつものとおり」が三回繰り返されて日常性を示すが、その終りには良心の呼び声により日常性の突破が生じようとしている。あざむかれているKは友のあざむきも知らないで親切な言葉をもって呼びかけている。Kのこの真実が「先生」の卑劣な心を照明し、白日のもとにさらけだしたのである。この瞬間に「先生」の良心は強い衝撃を受けて、復活したのである。そこで良心の告白衝動がほとばしり出て、Kに謝罪すべきであった。ところが、「奥には人がいます」という対社会的な意識が間髪を入れず生じてきて、周囲の人々への気遣い、世間体を重んずる心、つまり恥が良心を抑止している。良心は「私の自然」として語られ、その強い発動も食い止められてしまう。

　したがって友人のKが自殺したときも、良心の照明を受けながらも、世間体を気づかうことがすでに生じてくる。良心の照明は「黒い光」として次のように述べられている。「もう取り返しがつかないという黒い光が、私の未来を貫いて、一瞬間に私の前に横たわる全生涯をものすごく照らしました」と。「もう取り返しが付かない」というのは良心現象に特有の「修復不可能性」をいう。この良心の照明も「一瞬間」の出来事であり、恐怖のうちにKの遺書を読んだあとには、またも消えゆく運命をもっている。「まず助かったと思いました。（もとより世間体の上だけで助かったのですが、その世間体がこの場合、私にとっては非常に重大事件に見えたのです）」。この世間体をはばかる恥の形態がここでも良心の発動を遮蔽している。しかし、その後に起こった良心の発動は強かったため、恥をつき破るほどの破壊力をもっていた。それは友人の死を「奥さん」に知らせたとき無意識のうちに自然にほとばしり出てくる。

　その時私は突然奥さんの前に手を突いて頭を下げました。「済みません。私が悪かったのです。あなたにもお嬢さんにも済まない事になりました」とあやまりました。私は奥さんと向かい合うまで、そんな言葉を口にする気はまるでなかったのです。しかし奥さんの顔を見た時不意に我とも知らずそう言ってしまったのです。Kにあやまる事のできない私は、こうして奥さんとお嬢さんにわびなければいられなくなったのだと思ってください。つまり私の自然が平生の私を出し抜いてふらふらと後悔の口を開かしたのです。

「私の自然」である良心が恥の意識の強い「平生の私」を突破して罪の告白をなさしめている。つまり良心は恥のなかにも働いていて、無意識のうちにも恥を突き破ろうとしている。こうして一瞬間ではあっても良心は照明し、真実な自己の認識にいたろうとする。しかし、すでにKがこの世にいないため、彼を傷つけた罪の告白はなしたとしても、どうして彼に対する十分な償いがなしうるであろうか。結局、十分な償いができないことを知るや、自分で自分を罰する自殺のみが残ることになる。このように「先生」は全身をもって償いの行為をせざるをえないと感じたほど倫理的に厳格な良心の持ち主であったといえよう。

Ⅳ　哲学的人間学の成立

人間学は哲学の一部門としてどのようにヨーロッパ思想史で歴史的に成立したのであろうか。それはすでにソクラテスが実行していた探求方法であり、中世やルネサンスでは人間論として神学のなかで論じられてきたのであるが、学問として成立しはじめたのがカントであり、それを完成させたのはマックス・シェーラーであった。さらに現代の人間学はシェーラーを批判することによって発展してきている。

1　カントの人間学

カントの主著『純粋理性批判』は理性能力の吟味によって近代的人間の特質を提示した。彼によると理性の営みである認識は、経験の範囲内で認められ、これを越えては認識は成立しないとされ、理性の正当な要求は保証され、不当な越権行為のすべてを拒否する法廷がもうけられた。そこでは心の認識機能が感性・悟性・理性に分けて批判的に検討された。この区分は中世のスコラ哲学以来「理性」の代わりに「知性」が立てられてきたし、中世の神秘主義によっては「霊性」がその地位を占めてきたが、近代にはいると合理主義の支配のもと変化が生じてきた。そこでは近代社会を支配した科学的な精神によって悟性知つまり科学知が尊ばれてきたことが影響しており、形而上学的な知が後退している。しかし、カントが行った認識批判は「信仰に場所を提供するために、理性を批判しなければならなかった」と言われるように（カント『純粋理性批判』第二版「序」高峯一愚訳、河出書房、三六頁）、宗教を新たに基礎づける任務をはじめからもっていた。

彼は自分の思想の全体を人間学の視点から確立しようと試みた。その著作『論理学講義』のなかで提示した課題がそのことをよく示している。彼によると哲学の全分野は次の四つの問いに要約され、しかもそれらの問いはすべて人間学としてまとめられる。

一、わたしは何を知ることができるか。二、わたしは何をなすべきか。三、わたしは何を望むことが許されるか。四、人間とは何か。第一の問いには形而上学が、第二の問いには道徳が、第三の問いには宗教が、そして第四の問いには人間学が答える。……最初の三つの問いは最後の問いに関連しているから、結局、わたしたちはこれらすべてを人間学と見なすことができよう（I. Kant, Logik, ein Handbuch zu Vorlesungen. Phil. Bibl. .S, 27. このカントの問いに関する解釈としてハイデガー『カントと形而上学の問題』木場深定訳、理想社、第三八節とブーバー『人間とは何か』児島洋訳、理想社、第二部第三章を参照）。

このような人間学へと哲学を還元する試みは提示されただけで、実際には実現されなかったが、それはカントの批判哲学全体の構成と展開のなかに姿を変えて見いだされる。彼が批判哲学を完成させた後で一般学生に講義した『実践的見地における人間学』をみると、そこでは主に「経験的人間学」が展開する。たとえば人間知や世間知といった世俗的な生き方、一例を挙げると「怜悧」（Klugheit）のような他人に巧みにとりいって影響を与える「実際的人間知」について論じられており、彼によって先に立てられた人間の全体的本質を問う根本問題には残念ながら彼は取り組んでいない。このカントの提出した問いについてさまざまな解釈がなされているが、一般的にいって啓蒙主義の時代には、カントが予感していたにもかかわらず、人間存在の全体はいまだその心の深みまでは徹底的に問題視されてはいなかったと言えよう。

カントは人間学の歴史のなかできわめて重要な位置を占めている。まず、彼は近代の主観主義の哲学の完成者であり、近代思想の二大特質である個人主義と合理主義がいわゆる「超越論的主観性」によって哲学の根底に据えられた。それは批判哲学の体系となって現われている。次に注目すべきことは、彼が初めて人間学という表題をもった書物『実用的見地における人間学』(Anthropologie in pragmatischer Hinsicht 1798) を出版していることである。しかし、この書は「人間知」や「世間知」に関する「通俗講義」(Populäre Vorträge) であって、批判哲学とは異なる内容からなり、応用的な経験的人間学となっている。彼自身はすべての問いが最終的には人間学に帰着すべきであると語っていたのであるから、人間学には元来、単なる応用哲学に優る意義が与えられていたはずである。ところが批判哲学に彼が着手することによって人間学の理論的部分はそこに移され、応用的・実用的部分が『人間学』に残されたといえよう (このカント解釈について、詳しくは山下太郎「カントの人間学」、『文化と哲学』第八号、静岡大学哲学会、一九九〇年、一頁以下参照)。それゆえ、彼の人間学の本来の姿は三大批判書ならびにこれに準ずる著作に求めなければならない。だが、ここでは彼の哲学体系における人間学の位置について指摘するに止めざるをえない。

カントによると人間は二つの側面から考察され、自然界に属する「現象人」(homo

phaenomenon）であり、同時に可想的超自然界に属する「本体人」（homo noumenon）である。

（1）「現象人」としての人間

現象人とは自然に属する人間を指し、その性格は基本的に経験的であり、生物進化の頂点に位置する。有機体としての生命はある種の目的合理性をもち、物理的自然界の機械的必然性とは異なる内的な合目的性を備えている。自然界には外的合目的性が見られる。たとえば無機物は植物の手段となり、植物は動物の、草食動物は肉食動物の、それぞれ手段となり、すべては人間の手段となる。人間は自然の最終目的である。それは人間のみが悟性によって自然万物を多様な目的にもとづいて秩序づけることができるからである。

自然の最終目的である人間は、各人の幸福と自然の開化たる文化を実現させ、生活を向上させるようになっても、これをもって人間の尊厳たる「創造の究極目的」に達したとは言えない。というのは、自然の意図としては人間は本来こうであっても、現実には「悪への性癖」をもち、自然的欲望である傾向性に従い、個人的な生き方である格率を転倒させているからである。これこそ彼の言う「根本悪」（das radikale Böse）であり、人間の本性を根底的に破壊している（カント『宗教哲学』、豊川昇訳、創元社、一九五一年、「根本悪について」を参照）。

（2）「本体人」としての人間

人間は自然界に属するがゆえに感性に触発された傾向性に従い、快楽や自愛また幸福を求めて、理性にしたがう本来的な歩みから逸脱している。実際、幸福への傾向性それ自体は悪ではなく、傾向性によって道徳法則の違反が生じるがゆえに悪となる。そこから道徳法則は定言命法の形をとり、義務と傾向性との激しい対立が生じ、傾向性に打ち勝って義務に服さなければならなくなる。したがって道徳法則を担っている人間こそ本来的で理性的な人間であり、それは「人格性」（Persönlichkeit）と呼ばれる。「人格」は「物件」のように手段となったり価格が付けられたりせず、目的自体であり、尊厳をもっている。だから、こう語られている。「汝の、およびあらゆる他の人格における人間性を、常に同時に目的として扱い、決して手段としてばかり扱わぬように行為せよ」（カント『人倫の形而上学の基礎づけ』、野田又夫訳、「世界の名著　カント」、中央公論社、一九七二年、二七四頁）。こうして人間の尊厳は「道徳法則の主体」であることにあり、「叡知」（Intelligenz）としての「本来の自己」、したがって「物自体としての人間」に求められている。これこそ「本体」（noumenon）として、つまり「理念」として考えられた人間である。実に、創造の究極目的はここに求められ、次のように語られている。

人間こそは創造の究極目的である。なぜなら、人間が存在しなければ、相互に従属した目的の連鎖には、究極の基礎となってこれを支えるものがないことになるであろうから。ただ人間においてだけ、しかも道徳性の主体としての人間においてだけ、諸々の目的に関する無制約的な立法は見出だされ、この立法だけが人間へ、全自然が目的論的にそれへ従属しているところの究極目的たる資格を与えるのである。

（I, Kant, Kritik der Urteilskraft, Werke in 10Bde, Bd. 8, S.559）

実用的人間学はこうした彼の人間に関する哲学の全体的な構想のなかにあってどのような位置を占めているのであろうか。それは『実用的見地における人間学』という表題に示されているように、「世間知」や「人間知」といった性格をもっている。しかし、そこには世界と世間とに深く根を下ろした具体的人間が考察の対象となっており、近代市民社会における人間像の特色が浮き彫りになっており、カント哲学の人間的な基礎が明瞭になっている。彼は人間学の課題について次のように語っている。

体系的にまとめあげられた人間知の学（人間学）は、生理的（自然的）見地のものであるか、あるいは実際的見地のものであるかのいずれかであろう。生理的見地の人間知は、自然が人間から作り上げるものの探求にかかわり、実際的（実用的）人間知は、人間が自由に行為する存在者として、自分自身を作り、あるいは作ることができ、また作るべきであるものにかかわっている。（カント『人間学』、塚崎智訳、「世界の大思想　カント（下）」河出書房新社、一九七四年、一六七頁）

ここに二種類の人間学が区別されている。前者は人種・民族・習俗からなる博物学的研究を含んでいるので、今日の自然人類学にも通じている。また後者には感性の諸様態・快不快の感情・激情・性格などの心理学的考察も含まれているので、世界における自己形成という意味での応用的人間学が展開している。後者に属する一つの例として「怜悧」についての議論を取り上げてみよう。

人間には他人に影響をおよぼす能力が授けられている。この能力には名誉・権力・金銭という三つの力が含まれる。これらの内にいずれかによって人は他人を支配し、自己の意図を実現するために利用できる。ところがこの力に対する傾向性は情念によっては名誉欲・支配欲・所有欲となり、これに溺れるとき、愚か者となり、自己の究極目的を逸脱させることが生じる。だが、ここでは知恵ではなく単に「阿呆を操縦する怜悧」だけが論じられる。この怜悧の術について彼はまず当の人間の内的価値に相応しい「名誉」と外見だけで十分であるような「名声」とを区別し、名誉欲とは名声を求める努力であると規定する。これは不当な要求である「高慢」に由来するので、「ただお追従をいっておけばよい」のであって、こうしておけば思いのままに支配することができる、と彼は「怜悧」な人間知を語る。そこには高慢についての鋭い洞察があって、高慢とは自分と比べて他人を軽蔑する心であり、あらかじめ自分を卑劣と感じている者のほかには心に思いつかない態度である、と彼は説明する。また支配欲の情念はそれ自体不正であって、他人によって支配されるという「恐怖」に発し、時機を逃さないで他人を支配して有利な座につこうとする欲望である。これは他人の自由を侵害するため、直ぐにも反抗を呼び起こすため、賢明ではない。つまり怜悧ではないと彼は言う（カント、前掲訳書、三五七頁）。

2　シェーラーの人間学

シェーラーは近代主観性の立場に立つカントを批判し、間主観性の哲学を樹立した。とくに彼は人間の情緒的世界にもろもろの価値が現象している仕方を現象学的に考察した。情緒は人間の間に生き生きと生起交流しているもので、優れた間主観的現象である。たとえば「共歓・共苦」という現象には「共に喜び合うとその喜びは二倍となり、苦しみを他者と分かち合うとその苦しみは半減する」という法則が見いだされる。このような「共同感情」が人間の「自我」に備わった本性的な「機能」であり、「人格」にふさわしい行為的な「作用」である「愛」とは本質を異にしている点を解明していった。とりわけ彼は他者認識として従来説かれてきた類推説や感情移入説を批判し、その間接推理が自己認識を他者に当てはめたり移入するにすぎない点を指摘した（金子晴勇『マックス・シェーラーの人間学』創文社、二五六―二六二頁以下を参照）。そのさい彼は「自我」と「人格」とを区別し、自我が対象的に認識され、科学的に解明できるのに対して、人格の方は対象的には認識されず、ただ体験的にのみ理解されるという。自我のようには対象化できない人格の捉え方について彼は『同情の本質と諸形式』のなかで次のように答えている。

人格としての（精神的）人格は、そもそも客観化できない存在であり、まさしく〈作用〉と同じように、現存在に関してもっぱら共同―遂行（共同―思惟・共同―意欲・共同―感得・追―思惟・追感―感得など）を通してのみ、存在に参与し得る存在である。そして人格とは、ひたすら、時間ならびに空間から自由な、諸作用の構成秩序であって、存在するその具体的全体性は、あらゆる個別的作用を共に規定し、さらにその全体の変化は、あらゆる個別的作用をともに変化させる。すなわち、わたしが常に述べているように、人格とは〈作用実体〉である。（M・シェーラー『同情の本質と諸形式』青木茂・小林茂訳、著作集第八巻、一九七七年、三六〇頁）

ここに「人格」の定義が二重に語られている。第一に共同遂行によって人格は理解されると規定され、第二に「作用実体」として定義されている。この作用実体というのは「構造秩序」とも言われているもので、すべての行為を束ねている「心情の基本線」を指している。このように存在参与の基本様式が「理解」（Verstehen）であり、対象的な知覚とは全く相違している。理解とは「或る他の精神の相存在に或る存在が精神の本質によって参与することである」（シェーラー、前掲訳書、三六〇頁）と規定されている。

彼の人間学についての全体像は晩年の書『宇宙における人間の地位』によって綱領的に提示された。ここでは、その中心思想をいくつか取り出して検討するにとどめたい。

ここで主題となっている人間の特殊地位は植物と動物との比較により生物学的な考察によって行なわれている。そのさい「心的諸能力の段階系列」（Stufenfolge der psychischen Kräfte）が立てられて、最下位の「感受衝動」（Gefühlsdrang）に植物が位置づけられ、動物には「本能」（Instinkt）・「記憶連合」（associatives Gedächtnis）・「知能」（Intelligenz）が帰せられている。ヴォルフガング・ケーラーによるチンパンジーの知能実験が発表されて以来、本能的反射作用を越えた知能作用が動物に認められるか否かについて議論が沸騰していた。もし動物に実践的知能が認められるとすれば、そのことは人間の本質を規定しようとする哲学的人間学にとって決定的に重要な次の問いが起こってこざるをえない。すなわち、人間と動物とのあいだには「程度にすぎない区別」しか総じて存在しないのか。人間は進化した動物よりも優るものではないのか。そこには本質的区別がないのか。この問いに対しシェーラーは「賢いチンパンジーと、技術家としてだけ見られたエディソンとのあいだには、たとえどんなに大きな相違があろうと、程度の相違があるにすぎない」（シェーラー『宇宙における人間の地位』前掲訳書、四七頁）と語って、技術的知能をもってしてはそこに相違はないと答えている。だが、人間にはチンパンジーには欠けているものが存在している。それは人間も動物もともに属している生命の流れそのものに由来しないものであって、生命の流れと衝動に対抗して「否」ということができる「精神」なのである。この精神もしくは人格は、「否」と言いえない動物とは根本的に相違して、生の衝動に対する「生の禁欲者」であると説かれた。

このような精神としての人間の特質は、動物との比較考察により、世界に対する態度の相違として示される。動物が環境をもち、本能によってそのなかに組み込まれているのに対し、人間は環境を越えて世界に対して開かれており、世界に向かって距離を保って、それを「対象」として捉えることができる。これが「世界開放性」としての人間の根本的特質である。動物が本能によって環境に深く組み込まれており、植物とは違って意識をもっていても、自己に対する意識をもっていないのに対して、人間は自己意識のみならず、自己の身体的・心的性質をも対象的に把握することができる。それゆえ人間は世界を超越したところに自己の作用中枢をもち、一切の行動に作用統一を与えることができる。この中枢は有機体と環境との対立を超えており、「人格」（Person）と呼ばれた。

このように精神が生命に対立して立てられることによって宇宙における「人間の特殊地位」は明確に定められたとしても、この対立が二元論の陥穽にシェーラーをふたたび陥らせることになった。この二元論は形而上学的に世界根拠である神性の内部まで規定するようになった。彼は精神を生命の衝動に対し高く位置づけていても、低次の存在と比べると弱いものであることを認めている。事実、彼は精神の脆弱さを第一次世界大戦で痛切に感じていた。そこで彼はエネルギーの源泉を衝動に求め、それをフロイトのように精神に昇華しなければならないと考えた。そこで彼はこの精神と衝動とを神性の属性にまで求め、神性がその理念や価値を実現するため自己の衝動を解放し、世界過程の時間的プロセスを引き受け、世界史のなかで人間を通して自己を実現するのだと説いた。このように宗教をも形而上学に向けて一元的に還元しようとする態度は明らかに主知主義的であり、ヘーゲル的歴史観と同様に、「精神が生〔の衝動〕を理念化し、生は理念化されて精神となる」（シェーラー、前掲訳書、九六頁）と主張している。

このように彼は晩年にいたると人間学をも形而上学から基礎づけようと試みた。こうした傾向は、ヨーロッパ精神史における彼の位置を明確に規定している。つまり、彼は人間科学の成果を積極的に受容したが、それは自我を中心とする心的領域に制限され、精神の領域においては伝統的な形而上学にとどまった。こうした二元論にもとづく中途半端な人間学はその後の人間学の展開によって厳しく批判された。

3　プレスナーの人間学

シェーラー以後の人間学の発展は新しい生物学の理論を採用しながら彼の二元論を克服する過程として捉えることができる。そのなかでプレスナーとゲーレンの学説を考察してみたい。

シェーラーの哲学的人間学が発表された一九二八年にプレスナーも『有機体の諸段階と人間――哲学的人間学入門』を出版したが、大部な著作であったため、当時はあまり注目されなかった。しかし、形而上学に傾斜しすぎたシェーラーとは違って彼は綿密な生物学的考察から出発し、冷静な科学的探求によって人間学を確立した。彼は有機体に特有な現象の仕方に注目し、それを論証する場合にも、歴史的に多様な規定を受けた感情・衝動・欲求・精神の概念を避けており、また自然科学や心理学のような概念装備をもってしてもそれを考察するのに成功しないと語っている。とりわけシェーラーの精神と衝動との二元論に対して批判的であり、有機体に特有な位置づけである「布置性」(Positionalität)から一元的に解明しようと企図している。

「布置性」というのは世界における有機体の位置付けであり、これによって有機体とその領域との構造連関が理解される。たとえば植物は周囲世界のなかに組み入れられており、世界に向かって開放的な有機的な組織を造っている。そのさい「開放的」という意味はこうである。「有機体がその生命を発現するあらゆる場合に、自己を直接その周囲世界に組み入れ、自己をそれに適応する生命圏に従属する一断面にする形式は開放的である」(H. Plessner, Die Stufen des Organischen und der Mensch,1975〈3Auf.〉S.219)。それに対し自己を間接的に周囲に組み入れかつ生命圏から独立している動物は開放的ではなく、閉鎖的であることになる。だから動物が中心をもち、「動物はその中心から出たり入ったりして生きているが、中心として生きるのではない」(Plessner, op. cit., S.288)。それは自分自身に回帰する体系を作っても、自己を体験してはいない。つまり自己の身体に対する距離がないため、自己を反省できない。それに対し自己を反省できる人間の場合には、中心として生きるばかりでなく、この中心を自己の身体の外にもっている。もしそうでないなら、反省できないであろう。したがって自己の身体を超えたところに中心をもって初めて、反省とか対象化とか言われているものは成立する。プレスナーはこの事態を「脱中心性」(Exzentrizität) と呼んで、それを透視画法の「消失点」(Fluchtpunkt) として次のように説明している。

> この生体(人間)は自己自身を所有し、自己を知り、自己自身に気付き、その点で我として存在し、《自己の背後に》存在する自己の内面性の消失点であり、この点は自己の中心から遠ざかって、生命の一切のあり得る遂行に対しこの内面の領域の情景を眺める観察者となっているため、もはや客観化されえず、もはや対象の位置に移り得ない主体の極である。
>
> (Plessner,op. cit., S.)

絵画は遠近法によって描かれている。遠近法の線は四つの隅から中央に向かって延びており、一点に収斂している。そしてこの点は無限に延びて消失している。この目には見えないが、ありうる一点こそ、そこから私たちが世界を対象として見ている「観察者」としての「中心」なのである。この中心は世界の外、身体の外、つまり人間の意識の内にあってもなお対象性から無限に隔たっているものとして経験される。前にシェーラーが精神の対象化の作用として捉えたことをプレスナーはこのように透視画法によって説き、この「脱中心性」を自説の中心に据えてその哲学的人間学を展開する。

脱中心性に立つ人間は、それによって外界と内界、つまり対象と意識に分裂し、さらに自己と自己の体験とのあいだを裂き、両方の側に立ちながら、それらの束縛を受けずにその外に立って、一所不在である。人間は中心に立たざるをえないにしても、絶えずその中心から脱しないではいられない。だから、私は今いる所にいないで、今いない所にいなければならない。私は無のなかに立ち、同時に自己の外に立ってそれを認識している。しかし、自己のこの拠り所のないことの認識は世界に寄り頼むことを禁じ、世界根拠や神へ私たちを導く。それゆえ「脱中心的位置づけの形式と世界を根拠づける絶対的で必然的な神とは本質的な相関関係に立っている」(Plessner, op. cit., S.345)。彼はシェーラーの「世界根拠」としての形而上学的神を脱中心性からこのように説いた。

このような人間の特性である「脱中心性」は人間の生物学的側面のみならず精神科学的・文化科学的側面にも拡大されている。プレスナーは『権力と人間性』（一九三一年）ですべての文化活動・経済・国家・芸術・宗教・科学などを人間の創造的業績とみなし、これらを人間の欲求へと還元した。しかし彼は精神・文化科学の人間学的還元にとどまらず、人間がその業績からも完全には理解されない隠された側面をもっていることを「脱中心性」から説き明かしていく。「人間はあらゆる定義から身を引くのである。つまり人間は隠れたる人間（Homo absconditus）である」（H・プレスナー「隠れたる人間」、ボルノウ／プレスナー『現代の哲学的人間学』藤田健次訳、白水社、六四頁）。したがって人間はその隠れた本性のゆえに完全には自己を知り得ず、知りうるのは自己の前にある目的か自己の背後に付きまとう自己の複製たる影に過ぎない。だからこそ人間は歴史をもつのである。人間は歴史をつくり、歴史が人間をつくる。歴史のなかで活動する人間は予期しない出来事に出会って挫折し、裏切られて自己の姿を覆い、ふたたび自己を隠してしまう。こうして人間は世界に解放され、曝されておりながら、同時に隠されている。元来は神の汲み尽くしがたい豊かな本質を示しているこの「隠れ」という概念は、人間にこそふさわしいものといえよう。彼の哲学的人間学は、その後ゲーレンにより彼の生物学的視点が継承され、人間生物学へと進展している。

4　ゲーレンの人間学

ゲーレンの人間学は、現代の総合的人間科学という性格をもった最高の水準を示しており、これを正しく理解し、批判的に発展させていくことが私たちの課題である。ここではシェーラーからの哲学的人間学の発展という視点から彼を理解し、その人間学の特質を指摘するに止めざるをえない。

彼の主著『人間――その本性および世界における人間の地位』が出版されたのは一九四〇年であるから、シェーラーとプレスナーの著書が出てから一八年が経過していることになる。その間の生物学の発展がゲーレンに大きな意義を与えた。オランダの解剖学者ボルグとスイスの生物学者ポルトマンがとくに大きな影響を彼に与えた。ボルクによると猿の胎児および幼児は人間的特質を備えているのに、成長した猿は森の生活に合うように「特殊化」しており、そこに適応的進化が認められる。しかし人間は進化が減速し、人間の顎と歯、さらに皮膚・爪・触毛から判るように、形態学的には「停滞」した猿の胎児である。この学説からゲーレンは人間がかつてヘルダーが言ったように「欠陥動物」であり、生まれながらの生活上の「負担免除」をすべく行動するように定められているとの帰結を引き出した。次にポルトマンの有名になった「子宮外早生の一年」という学説がゲーレンに影響を与えた。生理学的に言えば人間は正常化された早産児であって、胎児上の半期を母体外ですごし、直立歩行・言葉・技術的行動の三つの素質をもって生まれ、社会的触合いのなかでこれらの素質を学習により発展するように定められている。ゲーレンはここから人間が文化的行動によって自らを「訓育」する動物であるとの結論を得ている。

次にこのようなゲーレンの学説の特質をシェーラーと対決している点から見てみよう。まず、「人間は行為する生物である」と定義される。このような「行為」の概念によってシェーラーの二元論は超克されると説かれ、人間の全機構もこれによって解明される。そして「行為とは予見と計画に基づいて現実を変化させることであり、こうして変化させられた、ないしは新たに作られた事実と、それに必要な手段との総体を文化と称することにする」（A・ゲーレン「人間学の体系構成」、『人間学の探求』、亀井裕他訳、紀伊国屋書店、一九七〇年、一七頁）と言われる。したがって行為と文化こそ人間の本質を規定していることになる。シェーラーは「精神」と「心的生命」とを対立させ、精神を心の反対者となしているが、そのような対立は依然として古代的・キリスト教的な人間学の枠内にとどまっており、「昔ながらの舞台の上で小道具を移動させたにすぎない」（ゲーレン、前掲訳書、九頁）と批判した。さらに彼は精神・魂・意志といった抽象概念がすべて本質概念であるため、形而上学的概念となり、いつかは経験と衝突するがゆえに、それらを排除すべきであると主張する。同時に、形而上学的方向をとっている理論をすべて締め出し、人間に関する個別科学の成果を受容しながら人間というものの全体を経験的・科学的に陳述する「人間に関する哲学的科学」こそ真正な哲学的人間学であると、説いた。

人間に関する個別科学のなかでも生物学が最も重要視され、彼の人間学は「人間生物学」という性格を明らかに示してくる。生物学によって「欠陥動物」や「負担免除」などの事実が科学的に実証され、また「訓育」とか「文化」、さらに「道徳」さえも生物学的に解明される。こうした方法により「人間が訓育の生物であり、また文化を創造するということが人間をすべての動物から区別する所以であり、それが同時に人間の定義にもなる」（ゲーレン、同訳書、一三頁）と語られた。

では、ゲーレンにとって人間の行動と文化との根底にある構造として考察された「負担免除」の原理は、いかなる意義を哲学的人間学の歴史に対してもっているのであろうか。彼はシェーラーの説く人間の「世界開放性」を認める。しかし、そこにある「非動物的な刺激の横溢」や見通しのきかない「不意打ちの場」に人は曝されているため、人間は自力で負担の免除をなし、自己の生存の欠陥条件を生存のチャンスへと切りかえざるをえない。そこから人間にふさわしい行動・言語・道具・文化が生み出されてくる。

さらに彼は倫理学の基礎を衝動という生物学の視点から捉えており、行動も結局、自己保存の衝動から理解する。こうした人間生物学の立場から人間的思考も捉えられ、思考の自律性は錯覚にすぎなくなり、理性はデューイと同じくプラグマティックな使用に限られることになる。シェーラーが「実践的知能」の他に「精神」を人間に固有な能力として認め、そのために二元論に陥ったのに対して、ゲーレンは自律的理性の能力である精神を認めず、実践的知能そのものにおいて人間と動物との差異を捉えている。

哲学的人間学の展開という側面から見るならば、ゲーレンはシェーラーの批判者であるが、シェーラーによって創始された哲学的人間学をさらに発展させ、生物学の成果を積極的に受容し総合的人間科学として人間学を確立した。

5　メルロ゠ポンティの現象学的人間学

現代の人間学がマックス・シェーラーによって成立し、彼の二元論がプレスナーやゲーレンによって批判的に超克されてきた経過をこれまで辿ってみた。こうした経過は新たに提起された人間科学とりわけ生物学の新しい発展にもとづいて展開されたのであった。ところが精神と人格に対する哲学的な基礎づけの方は必ずしも十全に行なわれたとは言えず、人間と形而上学との本質的な関連は真剣には考えられず、批判的に超克されるべきであると説かれた。そこで、私たちはシェーラーの形而上学を正当に評価するためにも、彼も自己の学問的方法として採用している現象学の立場から人間学を基礎づける必要がある。そこでわたしたちは現代における現象学的人間学を取り上げ、なかでもシェーラーの問題を継承しているメルロ＝ポンティが現象学と人間学との関連をどのように把握しているかを考察してみたい。

フッサールによって創始された現象学は人間の生を徹底的に解明していくうえに不可欠な方法を私たちに提示している。たとえば彼の「現象学的還元」はシェーラーによって人間精神の「理念化作用」として解釈され、それはプレスナーの「脱中心性」にも通じている。彼らはフッサールの現象学にしたがって人間に関する諸科学を積極的に受容しながら、哲学的人間学を確立していったといえよう。それゆえ、現象学的還元の方法は人間の科学としての人間学にとっても重要な意義をもっている。つまり近代科学の世界観としての問題性は、現象学的還元によって超克され、人間の本来的な「生の世界」(Lebenswelt) に立ち返り、今日多くの素材を提供している人間科学の成果を受容しながら、人間学は学問として確立されなければならない。ここに現象学的人間学の理念と課題がある。それはとくに現代においてはメルロ＝ポンティによって実行に移された。

メルロ＝ポンティはフッサールの現象学にもとづいて人間の世界における存在を解明し、人間科学の成果を積極的に取り入れた。ここでは彼の現象学的方法が提示されている『人間の科学と現象学』から現象学的人間学の特質を考察するに止めたい。

彼は主にフッサールの思想を検討しながら、現象学的本質直観と人間の外的認識である経験科学との生ける関連を追求している。二十世紀以来哲学と人間科学とは危機に見舞われていた。人間科学（心理学・社会学・歴史学など）は哲学やあらゆる思考を外的諸条件の複合作用と考えていたため、相対主義に陥り、精神による真理の確信を失っていた。こうした危機に直面してフッサールは人間性というものが成り立つための諸条件、つまり、すべての人が共通な真理に与ることができるための諸条件を定義し、意識させようと考え、哲学と人間科学の危機を同時に解決しようと試みた。それゆえメルロ＝ポンティはフッサールの「現象学的還元」の意義もこのことの解決にあったとみなした。したがって哲学者が反省するとき生活のなかにいつしか入り込んでいる断定的な先入見は一旦停止され、そこには世界についての暗黙の断定が露呈される。こうして哲学による反省の第一の成果は、反省に先立って生きているがままの世界（生の世界 Lebenswelt）の現前をふたたび取り戻すことである。そして、この種の反省は無限に遂行され、対話を通して他者との交渉に入っていかざるをえないがゆえに「最後の・哲学的な・究極の・根源的な主観性、つまり哲学者たちが超越論的主観性と呼ぶものは、間主観性（intersubjectivität）にほかなりません」（M・メルロ＝ポンティ「人間の科学と現象学」、滝浦静雄・木田元訳、『眼と精神』所収、みすず書房、一九六六年、二一一頁）と主張された。この間主観性こそ彼がシェーラーを継承する立場である。

メルロ＝ポンティによるとフッサールがめざしていた仕事は、人間を条件づけるものについての研究、つまり人間の科学が全体として進歩することと両立しうるような統合的で積み重ね可能な哲学を樹立することであった。したがって彼はヘーゲルの考え方に近づき、ヘーゲルのいう「内容の論理」である「現象学」が事実の内容そのものをしておのずから思考可能になるように組織し、歴史的事実や人間的世界と環境に広がっている精神の歩みを捉えようとする。ここに現象学と歴史や文化とが積極的に結び付けられた。

現象学とは、一方では歴史のなかにあるがままの人間のあらゆる具体的経験、しかも単に認識経験だけでなく、生活や文化の経験をも取り集め、他方それと同時に、この事実の展開のうちにおのずからなる「秩序」「意味」「内具的真理」、つまりそれらの出来事の進展を単なる継起とは思わせないような一種の「方向づけ」を見出そうとする二重の意図をもつものです。

（メルロ＝ポンティ『眼と精神』前掲訳書、二二頁）

このように今や現象学は人間科学をも含めた人間学、現象学的人間学をめざしている。さらに現象学が説く本質直観も何か神秘的なものではなく、具体的でかつ普遍的でもあるため、人間科学を改造し発展させることができると、彼は主張した。それゆえ人間の経験は、外から観察する者には、社会的に規定され、物理的に限定されているとしても、それとは別に、この経験が普遍的・間主観的・絶対的意味を得てくる観点から理解され、その経験の意味が本質直観によって取り出される。

したがって本質直観というのは意識が志向しているものの意味ないしは本質の顕在化にほかならない。この意味や本質は経験のなかに含まれていたものであって、自然的態度と呼ばれている生活態度にも見出され、そこではいまだ主題化されない意味がこの直観によって取り戻される。

V　人間学的区分法

人間学における最大の主題は人間がどのような構成要素から成り立っているか、またそれが相互にどのように関係しているかという問題である。これは古来心身問題として扱われてきたものである。これまでの歴史において「魂」と「身体」の他に「霊」がいかなる働きをもっているかが探求されてきた。今日の精神的な状況においては、この霊をどのように理解すべきかが人間学の重要な主題となってきた。そこで伝統的な区分法である二分法と三分法について考察してみたい。

1　哲学的な二区分法——伝統的な哲学的区分法

プラトンの中心思想はイデア論であるが、イデア界を現実の感覚界に対置し、二元論を立て、イデアを追究する理性に優位を与えたため、人間を理性として見る狭い人間学になり、ついに人間学から遠のくにいたる。こうしてソクラテスによって実現を見た人間学的自覚の高揚も下降しはじめ、やがて消滅する。このことは以下の二点において見られる。

倫理的価値の本質として捉えられたイデアでは行為者に対し永遠の理想もしくは模範であり、行為者はただこれをのみ追究・追随・実現すべきであって、自らの創意によって創りだすべきではないとみなされる。人間の手によって創られたものは、ゆがんだもの、否定されるべきものにすぎない。もちろん、善・悪の決断の前に立つとき、人間は自由であるが、理想的形姿たるイデアが想起によってあらかじめ提示されているのであるから、ゆく道はすでに与えられていることになる。それゆえプラトンは人間を行為から規定しないで、それよりもいっそう高度の能力たる認識から規定する。イデアを観照することによって普遍的善を実現すべきであるがゆえに、行為は観照作用に従属している。こうして行動の積極的生産性に代わって観照の受動性が現われてくる。ソクラテス的対話の社会的行為から観照的生活への移行がここに見られる。

プロタゴラスは人間を身体と魂との統一と考え、この二つの側面は内的に必然性をもって結びついていると説いた。それに対しプラトンでは人間は根本的に魂である。魂の身体への結合は問題的である。つまり、身体が軽視されていて、たえず否定すべきものとみなされる。いまや人間は内的人間と外的人間の二重性へと分裂する。プラトンの理念と現実との形而上学的分裂が、魂と身体との人間学的分裂として現われているといえよう。人間の本性について説いている『アルキビアデス』のなかでプラトンは人間学的区分について次のように述べている。

ソクラテス　では人間とはいったい何か。
アルキビアデス　答えられませんが。……
ソクラテス　人間は三つのうちのとにかく一つだということさ。
アルキビアデス　三つって、何の三つでしょうか。
ソクラテス　心か身体、あるいは両方合せた、その全体かということだ。
アルキビアデス　それに違いありません。
ソクラテス　ところがしかし、まさに身体を支配するものが人間だということを、われわれは一致して認めたのだ。……それでは心が人間だということは、もっと何か明確な証明を必要とするだろうか。
アルキビアデス　いいえ、ゼウスに誓って、その必要はありません。これで充分だとぼくは思います。

ここに表明されている身心の人間学的二区分法は、キリスト教中世をへて近代にいたるまでヨーロッパ思想の全体を支配している。それはデカルトの思惟と延長、カントの感性と理性の二元論にもつながっている。プラトンはこのような人間学の創始者であるのみならず、人間学をも放棄している。魂についての問いは人間についての問いではなくなっており、人間の本性から出発していても、魂の救済論、心理学、倫理学となっている。魂と身体とはもはや結びつかず、オルフィック教の教説にしたがって、魂は天上界から堕ちて身体なる牢獄に宿ったと解し、身体からできるだけ早く解放されて、純粋な生活をあこがれている。人間としてあることは魂の堕落以前と以後との二つの天上的在り方の中間の過渡的段階にすぎない。それゆえ人間存在は魂の自己疎外にほかならないといえよう。

2　キリスト教的三区分法

心身の二区分とは別に、オリゲネス以来「霊・魂・身体」の三区分法も説かれるようになり、エラスムスがこのオリゲネス説を復興し、二元論では汲み尽くしえない心の深淵を宗教性として力説するようになった。この三区分法はパウロ（第一テサロニケ五・二三「あなたがたの霊も魂も体も何一つ欠けることのないように」）の伝統に立つルターによっても継承され、キルケゴールもこれをさらに発展させている。二区分法と三区分法とは元来決して相互に矛盾するものではなく、日本語の「霊魂」が「霊」と「魂」の合成語であるように、「魂」という実体には「霊」の働きも含まれていると考えられている。したがって魂の機能という観点から考察するならば、それは霊性・理性・感性は三つの基本的心の作用とみなすべきである。

それゆえ、わたしたちはこの霊性の作用がヨーロッパの代表的な宗教的思想家の下でどのように理解されているかを考察してみよう。

(1)　エラスムスの場合

この三分法を最初に採用したのは一六世紀の人文学者エラスムスであり、彼は初期の代表作『エンキリディオン（キリスト教戦士必携）』（一五〇一年）で「オリゲネス的な区分」としてこれを採用し、次のように言う。

この聖書の箇所からオリゲネスが人間の三つの区分を導きだしていることは不適当ではあり

ません。〔1〕わたしたちの最低の部分である身体もしくは肉には、あの老獪な蛇が罪の法則を〔わたしたちの〕生まれながらの罪過によって書き込んだのです。また罪の法則によってわたしたちは不品行へと挑発され、それに征服された場合、わたしたちは悪魔の一味とされるのです。〔2〕しかし神の本性の似姿をわたしたちが表現している霊の中に、最善の創造者が自己の精神の原形にしたがってかの永遠の徳義の法を指でもって、つまり自己の霊でもって刻み込んだのです。この法によってわたしたちは神と結びつけられ、神と一つになるよう引き戻されるのです。さらに〔3〕神は第三として、またこの二つの中間として魂を立てました。魂は知覚と自然の衝動に関わるのに適しています。（エラスムス『エンキリディオン』金子晴勇訳、『宗教改革著作集2　エラスムス』教文館、五七頁。この箇所の詳しい説明については金子晴勇『エラスムスの人間学』知泉書館、九二―九六頁を参照）

さらに彼はこの方法にもとづいて神学的な代表作『真の神学の方法』（一五一九年）を完成させている。

（2）ルターの場合

ルターははじめ魂と身体の二元論で人間を論じていたが、やがて霊性の作用を感性や理性から区別して人間学的に明確に説くようになった。最初に採用したのは『マグニフィカト』（マリアの讃歌、一五二一年）においてであり、人間の自然本性を霊・魂・身体に区分し、次のように語っている。

第一の部分である霊（Geist）は人間の最高、最深、最貴の部分であり、人間はこれにより理解しがたく、目に見えない永遠の事物を把握することができる。そして短くいえば、それは家（Haus）であり、そこに信仰と神の言葉が内住する。第二の部分である魂（Seele）は自然本性によればまさに同じ霊であるが、他なる働きのうちにある。すなわち、魂が身体を生けるものとなし、身体を通して活動する働きのうちにある。……そしてその技術は理解しがたい事物を把握することではなく、理性（Vernunft）が認識し推量しうるものを把握することである。したがってここでは理性がこの家の光である。そして霊がより高い光である信仰によって照明し、この理性の光を統制しないならば、理性は誤謬なしにあることは決してありえない。なぜなら、理性は神的事物を扱うには余りに無力であるから。……第三の部分は身体（Leib）であり、四肢を備えている。身体の働きは、魂が認識し、霊が信じるものにしたがって実行し、適用するにある。

(Luther, WA. 7, 550, 28ff.)

このテキストを他の比喩、つまりイスラエルの神殿の構造をも参照して図解すると、以下のようになる。

霊という家	機　能	対　象	神殿の比喩	他の三肢構造
霊	信　仰	不可視的永遠の事物	至聖所	精神とその高み
魂	理　性	存在の理解できる法則	聖　所	理　性
身体	感　性	可視的な対象	前　庭	感　性

霊が心の最内奥にあってあたかも至聖所や奥の院に位置しており、それはその他の部分である魂と身体を支配している。聖書では「霊」と「息」とは旧約聖書では同義と解されており、霊は「命を与える霊」として同時に生命原理を意味していた。しかし、人を生かす霊の働きは神から来る霊として人間を神に向けて超越させ、神と人とを一つの霊とさせるものと解されている。ト

レモンタンは『ヘブル思想の特質』において霊に関し次のように述べている。「人間の霊、彼のプニューマは、人間のなかにあって神のプニューマとの出会いが可能なところのものである。それは人間のなかにある部分であって、この部分のお陰で神の《霊》の内住ということが異質な侵入とはならないで、異邦の地における大使館のように、準備され、欲っせられているものとなっている」（C・トレモンタン『ヘブル思想の特質』西村俊昭訳、創文社、一九六三年、一七九―一八〇頁）。このような神との出会いの場としての「霊」の理解は、ドイツ神秘主義の「魂の根底」(Seelengrund) においてとくに強調された。魂の根底というのは通常の魂よりも高次の作用を指しており、人間の魂の「深み」において、つまり魂の淵において人は神と出会い、新しい生命を受けて神の子として誕生すると説かれた。ルターはこの説を受容しながらキリスト教的に造り替え、霊において人は神に触れ、理性によっては理解しがたいものを信仰により捉え、「彼女（マリア）は、全く神に捉えられ、神の恵み、深いみ旨によって、高く揚げられるのを感じたのである」（Luther, WA. 7, 554）と語っている。ここに霊の信仰による実存的「感得」の作用が明瞭に示されている。このような理解をその後にも継承した人たちを次に挙げておこう。

（3）メーヌ・ド・ビランの場合

彼の『人間学新論』は「動物的生活」「人間的生活」「霊的生活」からなる三区分法を採用している。この区分法は「人間が神と自然との中間に存在する」（メーヌ・ド・ビラン『人間学新論』、一八七頁）という観点から捉えられている。それゆえ、人間は自分の自我を動物的生活の衝動にしたがわせ自然と一体となることができるが、その精神（霊）によって神と一体となることもできる。人間の生活は行動と自由に立った人格性にこそその核心をなしているにしても、霊的生活において神を求め、神と一つになって生きる。こうした二つの方向に人間の魂は引き裂かれている。魂の根底にある霊性は神の霊感を受けた受動的生活において成立する。霊は祈り、愛する。この霊的愛はいと高きところからくる作用であって、超自然的運動である。こうした神・魂・身体の関係は、つまり「神が人間の魂に対する関係は、魂が身体に対する関係と同様である」（前掲訳書、二二〇頁）。このような三区分の立て方はアウグスティヌスとパスカルと同じであり、彼自身はマールブランシュの影響によって確立したものと思われる。わたしたちはここにヨーロッパの人間学的伝統が受け継がれていることを見いだすことができる。

（4）キルケゴールの場合

終わりに、キルケゴールの『死にいたる病』における三区分法について付言しておきたい。彼はいう、「人間はだれでも、精神たるべき素質をもって造られた心身の総合である。これが人間という家の構造なのである。しかるに、とかく人間は地下室に住むことを、すなわち、感性の規定のうちに住むことを、好むのである」（キルケゴール『死にいたる病』、桝田啓三郎訳「世界の名著40」中央公論社、四七四頁）と。ここから明らかになることは、人が神および神の言葉と出会いうる場所が「霊」という「家」であるということである。

3　カント認識論における三区分法

先に掲げた人間学の三分法は認識作用とも関係するので、カントの認識論との関係が次に問題となろう。

カントの認識論は一般に構成説と呼ばれる。わたしたちの認識の作用には感性・悟性・理性の三つがあり、それに応じて認識論がそれぞれ感性論・分析論・弁証論として展開する。感性は対象の多様な印象を「空間・時間」の二つの先天的形式を通して受容し、悟性は多様な印象を一二のカテゴリー（思考形式）により結びつけて断片的ではあるが認識を構成する。彼は言う、「我々が直観の多様の内に総合的統一を生ぜしめたとき、対象を認識している」と。さらに、理性は神・自由・永世という三つのイデー（理念）によって断片的な知識を体系的知識にまで完成する。

それを簡単に図式化すると、次のようになる。

作用／心の認識能力	対象界	認識の形式	認識の種類	純粋理性批判の区分
感性	感覚的世界	空間と時間	事物の印象＝表象知	感性論
悟性	科学的世界	一二の範疇	学問的認識＝科学知	分析論
理性	思想的世界	三つの理念	体系的認識＝観念知	弁証論

この区分にも現れているように、これまでの近代社会においては科学的な精神によって目に見える世界にかかわる科学知が「悟性知」として尊重されてきた。一般的にいって悟性的な人間はさまざまなデータを巧みに処理し、頭脳明晰にこれを整頓し、素速く行動する人であり、しかも利益を追求するに当たっては目的合理的に活動する人間を意味する。これに対し感性の復権が今

日説かれているのは当然であるとしても、心が単にその作用にもとづいて感性・悟性・理性に分類されるだけでなく、心を「霊」と「魂」に分けて、「霊性」が重んじられてきた伝統も顧みられなければならない。つまり感性・理性・霊性の三分法からなる人間の全体的理解が再考されるべきであろう。カントに導く手がかりとしてシェーラーによる次の五つの機能の分類を参照してみよう。

4　マックス・シェーラーの機能的区分法

カントの倫理学の批判から出発したシェーラーはその人間学の大系を晩年になってから『宇宙における人間の地位』（一九二七年）で完成させた。わたしたちはこの書に展開するシェーラーの人間学の特質を考察し、それがどのように生命と精神からなる新しい二元論となったかを解明してみたい。彼は当時の新しい生物学的な成果にもとづいて人間の特殊的な地位を考察した。彼はユクスキュルの環境理論、ケーラーのチンパンジーの知能実験、パヴロフの条件反射説などを採用することによって心的諸機能を段階的に分けて考察した。つまり心的機能を①感受衝迫、②本能、③連合的記憶、④実践的知能、⑤精神の五段階に分けて考察した。これを表にすると次のようになる。

1	感受衝動	無意識・無感覚・植物的生	心的生の中核＝自我
2	本　能	低次の動物の生	
3	連合的記憶	条件反射的行動の生	
4	実践的知能	環境の変化に適応できる動物の生	
5	精　神	人格的・本質認識的生	精神の中核＝人格

人間は心的な生命の四段階のすべてに関わっており、この段階の生命は実験心理学の対象となっており、この心的生命の中心は「自我」と名づけられ、その活動は人間の本性に備わっている「機能」（Funktion）と呼ばれる。この機能には五感や感情の働きまた身体的領域に関連する諸機能、たとえば共歓（きょうかん）・共苦といった共同感情も入る。このような自我の特質は、目に見えない人格の非対象性と相違して、認識の「対象」となりうることに求められた。これに対して人格とその作用は決して目に見える対象ではなく、実験科学的に実証される性質のものではない。このよ

うな四段階の区別は新しい科学的な発見にもとづいて立てられており、伝統的な心身論の枠内に容易に入れられることができる。しかし五段階目の理性の機能が実践的知能と区別されて、精神に組み入れられているところに特徴がある。さらにこの「精神」（Geist）は「霊」とも訳すことができるので、ここから霊・魂・身体のキリスト教的な三分法のなかに入れることも可能である。

このように人間の特殊地位は植物および動物と生物学的な比較考察によって確定された。その際、もし動物に実践的知能が認められるとすれば、そのことは人間の本質を規定しようとする哲学的人間学にとって決定的に重要な次の問いが起こって来る。すなわち人間と動物との間には「程度にすぎない区別」（ein nur gradueller Unterschied）しかないのか。人間は進化した動物よりも優るものではないのか。そこには本質的区別がないのか。この問いに対しシェーラーは技術的知能をもってしては答えられないと考えて、「賢いチンパンジーと、技術家としてだけ見られたエディソンとの間には、たとえどんなに大きな相違があろうと、程度の相違があるにすぎない」（シェーラー、『宇宙における人間の地位』前掲訳書、四七頁）と回答している。

しかしチンパンジーには欠けているものが人間にはある。それは人間も動物もともに属している生命の流れそのものに由来しないものであって、生命の流れと衝動に対抗して「否」ということができる「精神」なのである。したがって、この精神は生命に対立するものとして立てられた。

『人間の地位』においては人格としての精神の特質は、動物との比較考察によって世界に対する態度の相違として示される。動物が環境をもち、本能によってそのなかに組み込まれているのに対し、人間は環境を越えて世界に対して開かれており、世界に向かって距離を保って、それを「対象」として捉えることができる。これが「世界開放性」としての人間の根本的特質である（シェーラー、前掲訳書、五〇―五一頁）。動物が植物とは違って意識をもっていても、自己に対する意識をもっていないのに対して、人間は自己意識のみならず、自己の身体的・心的性質をも対象的に把握することができる。それゆえ人間は世界を超越したところに自己の作用中枢をもち、一切の行動に作用統一を与えることができる。この中枢は有機体と環境との対立を超えており、「人格」（Person）と呼ばれる。

このように対象として把握される世界は自我の作用によって認識されるが、精神は人格として理解された。ここから精神が生命に対立して立てられることにより、宇宙における「人間の特殊地位」は明確に定められたとしても、この対立がシェーラーを二元論の陥穽（かんせい）にふたたび陥らせることになり、それをいかに超克するかという問題を後世に残した。

5　近代ヨーロッパ的霊性の源流

先にキリスト教の三区分法に出ていた霊は、つまりその作用として霊性が、ヨーロッパ中世以来重要な意味をもつようになった。

（1）霊性と理性との区別

そのさい理性と霊性の区別がなされ、理性が信仰内容を合理的に解明し、知識を組織的に叙述していくのに対し、霊性は理性によっては把握しがたいキリスト・神・神性との信仰による一体化をめざしている。しかし、この理性と霊性との関係は、理性が霊性によって生かされている限り理性活動に誤りは生じないと考えられる。この点はアウグスティヌスやルターによって明瞭に説かれてた。霊性によって理性が導かれて初めて理性も正しく用いられるとしたら、霊性に立つ神秘主義の意味もおのずから明らかになろう。しかし霊性といっても神の言であるキリストを無視した霊性主義者たち（Spiritualisten）に対してはルターは戦わざるをえなかった。

ルターに流入し、ルターから派生した神秘主義の流れは、キリスト教の歴史とともに発展してきており、その主流を分類してみると、おおよそ次のような傾向となる。（1）十二、三世紀の中世盛期のラテン的神秘主義、（2）十四、五世紀のドイツ神秘主義、（3）十六世紀のルター派の神秘主義、（4）十七、八世紀の自然神秘主義という四大潮流から成り立っている。

第一の主流ではクレルヴォーのベルナール、サン・ヴィクトールのフーゴーとリカルドゥス、女性神秘主義者のヒルデガルドとメチトヒルド、さらにボナヴェントゥラの神秘神学が含まれている。第二の主流のドイツ神秘主義はエックハルト、タウラー、『ドイツ神学』（作者不詳）、ゾイゼ、ロイスブロック、ニコラウス・クザーヌスなどからなっている。第三の主流は十六世紀の神秘主義であり、シュタウピッツ、ルターの同時代人であるミュンツアー、ハンス・デンク、フランク、シュヴェンクフェルトたちが輩出し、さらにヴァイゲル、アルントと続き、ここからシュペーナーとドイツ敬虔主義に至っている。第四の主流にはベーメ、エーティンガーなどのルター派の自然神秘主義が属している。

これらの神秘主義の展開の中心にルターが立っており、その歴史を研究することによって近代ヨーロッパの精神史にこれまで隠されていた底流が解明されるのみならず、神秘主義の流れから形成されているヨーロッパ的霊性と内面性、および信仰の特質が明らかになるであろう。この神秘主義思想の内実は、一八世紀以来信仰の世俗化が極端に進み、無神論が蔓延した今日の精神状況において、重要な意味をもっている。それゆえわたしたちはこれを貴重な伝統として尊重しつつ受容し、本来ある全たき信仰の活力をそこから汲むことができよう。

(2)　ルターにおける霊性の意義

宗教改革者ルターの新しい神学は、一般的にいって信仰義認論として結実したが、その底流には神秘主義がはっきりと認められる。初期のルターの著作、とりわけ聖書講解には数多くの神秘主義者たちの思想が採用されており、彼はこれによってオッカム主義と対決した。また『ドイツ神学』の発見と二度にわたる出版（最初は不完全版、後に完全版）はメランヒトンをしてルターをカールシュタットと同様に神秘主義者であると印象づけたほどであった。それゆえ『キリスト者の自由』のような作品には神秘主義の傾向がよく示されてはいるが、同時に激動する政治的な世界に直面し、それに巻き込まれる予感があってか、社会や歴史に直接関与する実践の側面も説かれている。この社会的な実践の側面が前景に押し出されてくるに応じて、神秘主義の内面性は背景に後退していくことになる。とはいえ、その後のルターの神学思想から神秘的要素は喪失することはなく、信仰そのものの生命として保たれている。彼は本質的にはドイツ人の精神的な特質である神秘主義的な内面性を生まれながらにして備えもっている。この神秘主義から後期スコラ神学の教育を通して与えられた彼自身の救済問題に対しても独自な解決を見いだしているといえよう。

死の問題に端を発して修道院に入ってから彼はもっぱらオッカム主義に立つ後期スコラ神学の強い影響下に魂の救済を求めて求道生活を開始し、当時のオッカム主義の代表者にして「最後の中世スコラ哲学者」と呼ばれたガブリエル・ビールの著作『命題集四巻に関するコレクトリウム』(一五〇一年)その他を暗記するほどに学習した。このようにオッカム主義の精神による修道を徹底的に試み、救済を求めたが、それでも彼は内心に平和が得られず、絶望するにいたった。こうして一三世紀以来神の恩恵と人間の自由意志との協力関係をなんらかの形で維持してきたスコラ神学の伝統のすべてが、その壮大な体系的構成にもかかわらず、彼によって拒否される事態にまでいたった。

若きルターに影響した次のヨーロッパの精神的伝統の思想的潮流は、神秘主義であった。中世のスコラ神学と並んで神秘主義は、ルターの時代には表面には現われていなくとも、精神の底流として大きな勢力となっていた。神秘主義はスコラ神学の中から出た、いわばその麗しい花として開花してきたものであった。この神秘主義は「近代的敬虔」(devotio modema) の精神によって運営されていたマグデブルクのラテン語学校の生徒のときからルターに影響し始めており、決定的にはヴィッテンベルク大学の直接の上司で、彼の霊的な指導者であった、シュタウビッツによって彼に伝えられた。シュタウビッツは当時のアウグスティヌス派隠修道士会のドイツ支部代表者であり、アウグスティヌスの精神にもとづいて「憐れみのみ」(sola misericordia)を強調する恩恵説を確立していた。彼はルターの深刻な試練に対し司牧的配慮をなし、「悔い改め」の正しい理解と「罪人の義認」および「キリストの御傷の省察」を説き、それと合一する「キリスト神秘主義」の教えを伝えている。このシュタウビッツの著作を読んでみると、ルターがいかにその師に大きな影響を受けているかが分かる。こうした影響に加えて彼自身の生まれながらの神秘主義的な傾向もあって、ルターは花嫁なる魂が花婿キリストと合一する「花嫁神秘主義」を説いたクレルヴォーのベルナールに親しみ、さらにドイツ神秘主義者タウラーの著作に心酔し、自ら発見した神秘主義的な著作に(彼は最初それをタウラーの著作と思った)『ドイツ神学』という名称を与えている。もちろん彼は信仰による義認を中心にしているため、シュタウビッツの「愛の神秘主義」(Liebe-Mystik)やタウラーの「地獄への放棄」(resignatio ad infernum)と相違して「信仰の神秘主義」を強調していた点は認められねばならない。

もちろん「神の義」の新しい認識についてはアウグスティヌスによって彼は決定的影響を受けた。つまり、彼の自伝的な文章によると信仰による義認の確信を得た後に、アウグスティヌスの

『霊と文字』を再読し、聖書と並んでアウグスティヌスを最大の権威とするにいたった。さらにルターは『霊と文字』が属している後期アウグスティヌスのペラギウス派駁論の神学的諸著作を積極的に受容し、彼の新しい神学を樹立している。このことは中世以来長期にわたって続けられてきたアウグスティヌス受容の歴史において注目すべき出来事である。実際、中世のすべての思想はある意味でアウグスティヌスの受容と解釈の試みであったが、ルターでは、それまで伝統となっていたアリストテレスを全廃し、この『霊と文字』を大学の神学教育の土台として据えるほど徹底的に受容された。しかし、ルターは単なるアウグスティヌスの解釈者ではなく、自己の義認体験からアウグスティヌスをも批判的に受容している。ここに彼のヨーロッパ精神史における独特の位置が見られるといえよう。

(3) ドイツ敬虔主義における霊性

神秘主義とルターとの関係は単に一四世紀の偉大な神秘主義者エックハルト、タウラー、『ドイツ神学』のみならず、一五世紀のノミナリズムの神学者ジェルソン、ビール、トマス・ア・ケンピスにも及んでいる。そしてルターの神秘思想の影響は一六世紀の霊性主義者や一七世紀のルター派の神秘主義者やドイツ敬虔主義にも波及した。しかもそれが宗教改革の隠された地下水脈として存在していることを明らかにすることができる。

ルターの同時代人のなかには宗教改革に参加しながらも一五二〇年代にはいると、次第に過激な改革路線をとる改革者たちが登場してくる。それは「分離派」（Sekten）とか「霊性主義者たち」と呼ばれる人たちであるが、これに対決して新しい教会は統一的な性格をもった体制を築き上げていった。

そのさい霊性主義者たちはルターが世俗の権力と協力して新しい教会を形成していく点を批判して、宗教改革運動から分離し、当時有力な思想の潮流をなしていた神秘主義やヒューマニズムを受容しながら、新たに内面的で霊的な宗教に向かう傾向をとるようになってくる。ルターを批判して登場してくる、同時代の神秘主義的傾向の思想家たちは、「信仰のみ」や「聖書のみ」を強調するのではなく、むしろ「内面的で霊的な宗教」を確立しようと試みていた。そのなかでも文字としての聖書、聖職制、幼児洗礼、告悔などを否定したり、廃棄したりして、純粋な内面性に向かった同時代の思想家たちは、一般的に「霊性主義者」といわれている。彼らの多くは神もしくはキリストとの「神秘的な合一」をめざす神秘主義的な思想傾向を顕著にもっており、同時にカトリックにも、プロテスタントにも所属しないで、「分離派」を形成した。このような分裂の悲劇は、対立する勢力への分化を通して、分裂することにより明瞭になった真理の局面が力説され、明らかにされたことによって、軽減されることになろう。

この真理の局面というのが宗教改革の隠された地下水脈をなしており、この水脈はこの「根底」学説によって辿ることができる。こうしてエックハルトとタウラーに始まり、ルターを経てベーメやシェリングにいたり、さらにはドイツ敬虔主義からシュライアマッハーにいたる神秘思想史が展開し、近代ヨーロッパの霊性の源流をなしている。

このような霊性のもつ意義を解明するのも今日では人間学の重要な課題となっている。もちろんルターにおいては神秘主義や霊性は明示的な概念とはなっておらず、あくまでも義認が明示的で中心的な概念である。神秘思想と霊性は義認論の下に隠れている非明示的な、したがって曖昧で暗示的な概念にすぎない。ところがルター以後には、義認論が概念的に整理され、教義もしくは世界観として体系化されるに及んで、内的な生命が枯渇するようになった。それに対しルター以後の近代ドイツ神秘主義の歴史的発展は喪失された生命をふたたび取り戻し、続く時代の精神的基盤を創造していったのである。現象学の方法は明示的でない事態の本質に迫ることを可能にしてくれるものである。そのために人間学的な視点から、人間には一般的に隠れている霊性の有する意義を解明することは今日の人間学にとって重要な意味をもっている。

Ⅵ　対話による人間形成

現代思想では対話が重要な人格形成の土台となっている。そこで対話による人格形成と人間学との関係を明らかにしてみたい。そこでまず対話の前提である他者との邂逅（かいこう）つまり出会いから考察を開始しよう。

1　邂逅における解体と新生

邂逅における変化および謝念

オーストリアの詩人フーゴー・フォン・ホフマンスタールは「いずれの邂逅もわたしたちを解体し、そしてわたしたちを結びなおす」という。これは邂逅の出来事を実に的確に捉えた洞察である。またゲーテの『親和力』という小説は物質の化学変化をもって邂逅における解体と新生とを述べようとした古典的試みであるといえよう。そこでは四人の登場人物が二人ずつ引き合い反発し合って、もとの組合せとはちがった関係を結ぶように配置され、この情熱の相互作用は、外力ではコントロールできない化学上の親和力としてゲーテは捉えた。このような邂逅のもつ宿命的ともいうべき解体と結合を通して人間の情熱も浄化されていき、人間の本質が明らかに物語られた。こういう人間や事物の本質と真髄とを詩は捉え、世界や夢のあらゆる形象からその最も固有なもの、最も本質的なものを吸いとって、一つのものそれ自身を表現している。ホフマンスクールは『詩についての対話』のなかで次のように語っている。

心と心との間に起る
邂逅の外にあるものは
すべて空しい
（『詩についての対話』富士川英郎訳、『ホフマンスタール選集第三巻』東京河出書房新社、五〇頁）

一般的にいえば、邂逅や出会いという言葉はよい意味で用いられ、亀井勝一郎は「邂逅の謝念」を説いて次のようにいう。「幸福とは邂逅の喜びだ。同時にそれは感謝の念の起るところである。……だから人生を人生たらしめる基本として、わたしはいつも邂逅と謝念について語ってきた。社会という言葉を使うなら、少なくともこうした結合の場としてそれを考えたい」（『人生論・幸福論』新潮文庫、一五四頁）。しかし、邂逅には人生の方向をかならずしもより好ましい方向に決定するものばかりではなく、かえって逆の場合もあろう。ここでは宿命的な邂逅、つまり人間の自由を死滅させ、本人が希望していない破局へと導く場合を考えてみたい。すなわち、邂逅における解体が徹底的な破滅である場合である。ここではとりわけドストエフスキーの作品から学びたい。

ドストエフスキーの『未成年』における宿命的邂逅

彼の『未成年』に展開するヴェルシーロフとカテリーナ・テコラーエヴナとの邂逅は恐しいほどの解体と破滅に導き、しかもここから新しく生まれかわって人生を成熟させる。ヴュルシーロフの息子アルカージイはこの二人の邂逅について次のように語っている。

彼〔ヴェルシーロフ〕は母を待っていて、もうどうにも待ちきれぬ思いにかられていたころに、思いがけなくカテリーナ・ニコラーエヴナに出会った。……はじめて会ったときから彼女はヴェルシーロフの胸に異常な衝撃をあたえて、彼はまるで見えない糸で呪縛されたようになった。それは宿命の出会いであった。今、思い出して、これを記述しながら、おどろいているのだが、彼がそのときその話の中に一度でも「愛」とか、「恋した」とかいう言葉を用いたことは、わたしの記憶にはない。わたしがおぼえているのは「宿命」という言葉である。そしてそれは、たしかに、宿命というほかはなかった。彼はそれを望まなかった。「愛したくなかった」のだ。この意味をはっきり伝えることができるかどうか、わたしにはわからない。とにかく、こういうことが彼の身におこりえたという事実に、彼の心がはげしい憤りに燃えたのであった。彼の内部に自由に息づいていたものはいっさい、この出会いによって一挙に死滅してしまった。そして彼は自分にまったくなんのかかわりももたない女に永遠にしばりつけられてしまった。彼はこの情熱の奴隷となることを望まなかった。

（工藤精一郎訳、以下同じ。傍点ドストエフスキー）

この小説のなかでヴェルシーロフは「文化人・ペシミスト・無為・懐疑家・高度の知識人」として描かれている。しかし、このような予期も希望もしていない突発的で宿命的な邂逅は彼をしてついにカテリーナを射殺し、かつ自殺しようとするところまで追い込んだ。だが、これが息子によってさまたげられ防がれて、自分だけ傷つき、妻ソーフィアのもとに帰って、ようやく真の自由と平穏をうるにいたる。ヴェルシーロフが理想主義的な思想をいだき、「書物の中に生きている人間」、「紙の人間」と評される一面を見てもわかるように、ソーフィアに対する愛も観念的なものであり、こういったものが邂逅によって崩壊したと息子のアルカージイは考える。

わたしは、彼が母を愛したその愛し方は、普通に女を愛する理屈ぬきの単純な愛によってというよりも、むしろいわば人道的な人類愛的な愛によるものだと思う。だから別な女性に出会って、この単純な愛で愛するようになると、たちまち先の愛が——おそらく不慣れのために——いやになったのであろう。

分身の破滅と本心の新生

このように人道的な愛がヴェルシーロフになんの変化ももたらさず、彼の運命のさまたげになっていないが、単純な愛、つまり彼が願ってもいなかった愛の方が彼を変え、解体し、悲運のどん底へつき落とすことになった。「ところが彼女との出会いがすべてを折り曲げて、歪めてしまった。たとえば、母なら、とわたしは考えつづけた、彼の運命をいささかもさまたげはしなかったろう、たとい母と彼の結婚でさえも。それはわたしにもわかっていた。それはあの女との出会いとは、まったくちがう」とアルカージイは続けて語っている。邂逅はこのように今までの生活をひとたび解体し、自分が予期せず希望もしていないところまでひっぱってゆく。こういう宿命的な破局へひきずりこむ苦難を通して、一人の人間の心の底からの新生をドストエフスキーは見ている。

ヴェルシーロフが邂逅によって解体したのは、ドストエフスキーも述べているように、彼のうちに秘められていた「分身」と彼自身（本心）との分裂であって、これによって彼の分身は破滅するが、この破滅をとおって彼自身は妻ソーフィアのなかに「汝」、つまりその他者を発見する。ヴェルシーロフは分身の破滅以前にすでにそのことに気づいているのだが、この破局はさけられない。彼は次のようにいう。「これは悪夢だった、だが悪夢にも祝福あれだ。もしこの惑溺がなかったならば、わしは自分の心の中に、これほど完全にそして永遠にただ一人のわしの女王であり、そしてわしの受難者である――おまえのお母さんを、永久に見つけだすことができなかったかもしれんのだ」と。ドストエフスキーはエピローグで「分身」が感情と意志の「分裂」であって、発狂とか精神の変調ではないことを強調している。邂逅が人間を解体させているのだ。そして分裂した分身は破儀してゆかざるをえないのだが、この滅亡の否定をとおって真のあるべき自己つまり本心がよみがえってくる。これこそ邂逅の弁証法を形成しているものである。新生したヴェルシーロフについて次のように記されている。「彼は今わたしたちに対して、まるで子供みたいに、まったく素直で、純真である。しかし、節度も自制も失っていないし、よけいなことも言わない。知性も徳性もすこしもそこなわれずにそのままにのこった、ただ彼の内部にあった理想的なものがことごとく、さらに強く表面に出てきたのである」と。

ヴェルシーロフとカテリーナとの宿命的出会いに最も欠如しているものはなんであろうか。それこそ対話、対話における相互性の充実、聞きかつ語る言葉がもたらす明るい光である。対話のないところには言葉を欠いた情念の暗い力が人間を支配する。邂逅が対話を通して進展するところに、わたしたちの「間」にあるさまざまな生の可能性が光をうけて芽生えてきて現実化し、共有の実りとなって開花する。

このように「わたし」は「わたしたち」によって広大なものとなり、「わたしたち」は「わたし」によっていっそう豊かになる。対話は邂逅を真に実り豊かにする明るい光である。邂逅はわたしたちを外の遠いところへつれてゆく冒険であり、そこに自己の分裂や解体がおこらざるをえないが、対話はふたたび自己自身につれもどし、盲目な宿命をして明るい摂理へと変える。したがって邂逅における解体をして新生へと導くのは対話であるということができるであろう。貴族出身のヴェルシーロフは農民出身のソーフィアに対し非合法的結婚を強制し、かつ一段と高いところから人道的愛をほどこしていると錯覚していた。この虚構の愛は彼同様貴族のカテリーナとの運命的邂逅によって解体して初めて、彼はソーフィアを「永遠にただ一人のわしの女王」として発見する。つまり、彼は彼女と対等の関係に入り、対話の相互性にあずかって初めて彼女のなかに永遠の他者を見いだしているのである。このように邂逅の解体作用によって古い自己を脱皮し、対話的関係に入ることによって人生の成熟をむかえる。こうして未成年は成年に達し、対話の積み重ねのなかに人格は形成されてゆく。次に対話のなかで生まれている「生の高揚」を考えてみよう。

2　対話による生の高揚

関係のなかに存在する諸可能性

長い旅をして家に帰ってくると、充実した生活感情をもつだけでなく、自分でも人間が大きくなったような気持になる。それはおそらく物事を皆がみているのとは別の観点から眺め、多角的に考察しうるようになっているからであろう。もちろん、すべての人がこうなるとはかぎらず、いっそう偏狭な考えに閉じこもる人も多い。対話のなかでの自己形成とモノローグ的自己形成もこれと似たようなものである。対話するというのは他者を受容するということであり、「汝」という関係に入ると、それだけ・自己が大きなものとなっている。この関係のなかで生じている出来事は、ときにはそよかぜのような静かな動きであることもあれば、激しい暴風のような格闘であることもある。しかし、静かであっても止まっているのではなく、激動のなかにあっても静謐(せいひつ)を失っていない。静中動、動中静の静かな流れのなかに対話の精神は生きている。そしてそこにはたえず「生の著しい高揚」を見ることができる。ブーバーはこれを「ひとつのより以上」（ein Mehr）であると述べて次のようにいう。

純粋なる関係という本質的行為から歩み出る人間の存在のなかには、ひとつのより以上が、ひとつの新たに発生したものがもたらされているが、それは彼がこれで知らなかったもの、またそれがどこから起ったかをあとからただしく言いあらわせないものである。

（ブーバー『対話的原理Ｉ』田口義弘訳、みすず書房、一四六頁）

この「ひとつのより以上」というのは、わたしの側からだけは知りえなかったもの、他者との対話関係のあいだで生じており、ただわたしとしては他者から授けられ受けとったものとしか知られないものである。しかもニーチェが「人は聴くのであって探し求めるのではない。受け取るのであって、誰が与えるのかは問いはしない」（ニーチェ『この人を見よ』阿部六郎訳、新潮文庫、一〇四頁）と述べているように、物品のごとく贈与者がはっきりしていない。ただ汝関係の場において、自己からだけでは生じていないもの、つまり、この関係のなかに眠っていたもろもろの可能性が言葉の光を受けて現実化されたものを、共有の実りとして受けとるのである。これが対話における生の高揚である。次にこれを枚挙してみよう。

(1) 真の相互性の充実

対話の間に生じているものは、すでにこれまで繰り返し述べてきたように「相互性」の実現である。対話は基本形式からいっても聞き手と語り手が交替しあうもので、形式からすでに相互的である。しかし、形式上対話的であっても内容がそうでない場合が非常に多い。そのさい、相互性の充実が問題となる。相手によって受け入れられているという相互的受容は充実感をもって対話の現在を満たし、対話の喜びを創りだしている。対話の「相互性」は公平な物的交換以上のものである。正義にもとづく交換の前提はすべてを量に還元する数学的計算である。しかし、対話の「相互性」は量ではなく質に関係している。しかし、この質は同質なることを考えず、その尊厳における対等の質を求めている。この対等の質と質の間の関係は愛であって、愛において両者は共有の実りとして相互性の全き充実に達するのである。

(2) 愛の空間性

対話のなかで愛は相互的にかかわりあう共同の空間、交わりの場をつくっている。ビンスワンガーによると、愛している相互存在の「空間」は互いに「譲り合う」ことによって形成される。彼はエリザベス・ブラウニングの詩によって愛の場を構造的に示そうとする。

故郷や天国の名前は遠くに消え去った。
ただ汝のいるところにのみ一つの場が成り立つ。

この詩のなかにある「汝がいる」ということが、相互的存在構造の秩序原理であり、「汝」が存在するところ、「我」が身体的に現に存在しなくとも、最高の場の原理である「わたしたち」が存在する。わたしたちにおいて我と汝はすでに相互に属し合う者として存在するゆえに、我は汝のいるところ、そこに存在することができる。汝の存在がわたしの在所を決定している。我と汝の「ここ」と「そこ」という場所的な方位づけは、愛の相互承認、相互の譲り合い、もしくは愛しながらのわたしたちとしての存在性格の根拠にもとづいてのみ可能である（L.Binswaanger, Grundformen und Erkmntnis Menschlichen Daseins, 196, S.29f.）。このような考えに立ってビンスワンガーはいう、「現存在がそれ自体ですでに邂逅の性格をもっているときにのみ、いいかえれば、〈我と汝〉がすでに現存在の存在構造に属しているときにのみ、〈我に〉と〈汝に〉とからなる愛は一般に可能である」（L.Binswaanger, op.cit.,S.84）と。この愛によって現存する空間性は現象学的にいうと、対象的な物体として観察されうる近さや速さから完全に独立し、自己自身の充実の法則にのみしたがっている。ここにハイデガー的「関心」に対する「愛」の現象学的優位があると彼は主張する。

愛が誤ってモノローグ的である場合には、愛は欲望の刹那の一瞬に消滅し、人間の生を破壊する。それに対し対話のなかでのみ愛は持続する。いな、単に持続するのみならず、人間がそこに住まいそこに安らう在所を愛は創造する。それは人間的空間としての愛の対話的広がりのなかに求められうるであろう。

（3）　生の意味の証験

対話のなかでは生の意味をもはや問う必要がないほどに生きる意味の充実が感じられる。ブーバーは「生の意味が言いあらわしがたく証験される」（ブーバー、『我と汝』訳書一四七頁）という。この生の意味は地上の生活とは別の生という意味ではなく、生ける世界の意味が対話のなかから受けとられる。したがってキルケゴールが婚約者を棄てて、現世否定によって生の意味に達したようにではなく、婚約者との関係をたずさえて、その関係のただ中に生の意味は対話によって確立されるといえよう。ところでブーバーはこの対話的「汝」から非対話的「それ」へと転落するのは、「わたしたちの運命の悲壮なる憂愁」であるが、それにもかかわらず、邂逅の「間」の出来事を通して語りかけている「生の意味」自体は決して「それ」に変化することはないという。この「生の意味」が邂逅のなかのつねに変わらざる「自同者」として生ける「中心」となっている。この「中心」は「中心的汝」として真の共同体を成立させ、この中心へと転向させることによってさまざまな関係が孤立して散在する瞬間が結び合わされ、「汝の世界の連続性」が保たれ、こうして「生の意味」が確固たる歴史を形成してゆくとブーバーは主張する。

対話の間にはこのように「愛の空間性」のみならず、「生の意味の歴史性」も確立される。つまり、対話のなかには愛による広がりと意味の持続とが生起しているといえよう。ところが愛による広がりが現実にはさまざまな意味を結びつけるすぐれた「理解」を導きだしているのである。

（4） 視界の融合

愛の広がりは他者の視点を自己のうちに受容してゆく視界の融合であるとガダマーはいう。対話的邂逅のなかで他者の理解の仕方とわたしのそれとが一つに融け合い、わたしの視界と理解が拡大してゆくことが生じている（H. G. Gadamer, Wahrheit und Methode, S.289f., 375）。ガダマーによると、わたしの考えに対立し矛盾している意見や生き方は、それ自身の権威を主張し、それ自身の立場の承認を強要している。まさにそえゆえに、それを理解しようという作用がおきてくる。このようなまったく他者としての「汝」の経験の逆説から、他者によって働きかけられて成立する「作用史的経験」の事実が明らかになる（H・G・Gadamer, op.cit., XXi（Vorwort）。このような経験は我と汝の間に生じ、汝との邂逅を通して体得される理解作用である。理解とはこのように他者によって働きかけられて、わたしの視界が他者の見方、考え方を受けいれることによって広がってゆくこと、つまり視界の融合であり、これは対話の間に生まれている。

（5）　精神の共感と共通価値の追求

対話のなかの感情的側面では共感（同感・同情）が意志的側面においては共通価値の追求が生じている。対話に真剣にたずさわっている人は、相手を議論によって征服し、話し合いでまるめこみ、眩惑しペテンにかけて、自己の絶対権を行使することを原則的に拒絶する。むしろ相手の関心に注意を集中し、専心他者に対向して、共感に達しようと願っている。あるいは逆に、はじめに共感が強く働いて、わたしたちを他者に向かわせ、対話へ導くのであろうか。いずれにせよ他者と共感する心の作用は、人間の心のうちで最も繊細で感じやすいしなやかな部分であり、人間精神の最も優美なところである。このような「共感」は「共属意識」から生じ、これはまた「共同体」に発しているとシェーラーはいう（M. Scheler, Wesen und Formen der Sympathie, Gesammelte Werke, Bd, 7, S.242ff.）。他者との「一致感」が生じる背景にはかかる「共同」の地盤が想定されるであろう。外国で同国人に会うとたいへんな共感を覚えるのもこの理由からかもしれない。それに対し対話においては自己とは原理的に異質な他者との関わりがあるのだから、「共同体」といっても共同社会のように地縁的、血縁的結合によるものではなく、いっそう高次の精神的自覚による共同が対話のなかで共感を生じさせているとみるべきであろう。

したがって共感は感情や情緒的なものであるにもかかわらず、そこに精神の共通な価値指向が含まれている。共感こそ自他に共通な精神的価値の追求へとわたしたちを向け、対話のなかで各人は自己についてではなく、また他者についてでもなく、自他に共通な価値について互いに証言しあう。たとえば自由についてモノローグ的語りが一人の者だけの自由として専制政治や独裁を主張しやすいのに対し、他者と対向して語る対話のなかでは、一方の側の人間の無制限な自由はとうてい考えられない。他者とかかわりあうなかで間柄的にして関係的＝相対的自由が存在するにすぎないのである。他者に対し自ら責任を負って共同的に生きる自己責任の自由こそ、人間にゆるされ与えられている自由の本質であると言えよう。

(6) 関係としての自己

自己を関係として捉えたのはキルケゴールである。「人間は精神である。しかし、精神とは何であるか。精神とは自己である。しかし、自己とは何であるか。自己とはひとつの関係、その関係それ自身に関係する関係である」（キルケゴール『死にいたる病』前掲訳書、四三五頁）と彼はいう。この関係は自己の内なる永遠性と時間性、無限性と有限性、自由と必然との矛盾的関係であり、この関係の乱れから自己を超えた永遠者との超越的関係を彼は問題にする。キルケゴールの世界には現実の他者が欠けている。しかし、このように言うのはおそらく正しくない。むしろ、他者に直接関わるのではなくて、他者にかかわる関わり方が自己のうちで反省されて捉えられているというべきであろう。このような自覚的関わりのなかでこそ実存は理解されるにしても、この関わりをもとの具体的他者との関わりにもどして考えてみなければならない。人間は他者、他の実在との関係交渉における現存在であり、自己たることの本来的存在は関係のなかで関係をとる、「間」における自己存在である。この主体としての存在は身体を通して他者との交渉関係に生きる実践的主体である。実践という以上、身体を介して物体的世界にもつらなりながら他者との現実的関係に立つ、関係としての自己である。このような関係としての自己は真正な人格概念を樹立しており、カントにおけるようなそれ自身のうちに中心と尊厳とをもち、決して手段とはならない目的自体である。しかし、人格とはペルソナ、つまり仮面を元来意味し、人間が仮面をつけて演じる社会的役割をもあらわしている。関係としての自己はこの両者をあわせもつ。つまり、一人びとりの個人の人格としての尊厳をカントとともに認め、人格が道徳法則を担う主体としての神聖さを認めるだけではない。この人格の価値はそれ自身の内面のみではなく、他者に対しすすんで「汝」関係をとる実践的主体に求められる。この他者に向かう関係行為をはなれ、自己の内に閉じこもるならば、そのような自己は単なる「個我」（エゴ）にすぎない。それはすべてを自己本位に経験し、利用し、享受するものに堕ちている。これに対し、真の人格は他の人格を目的として立て、これに「汝」としての関係をとる実践的に関わることによって発現する。

(7) 他者を歓待する美しい心

「各人は、よりすぐれた自己において、他人を心からもてなす」とギュスドルフはいう(『言葉』笹谷・入江訳、みすず書房、八八頁)。自分ひとりに閉じこもると、人格としての可能性はおさえられ、自分より以下のものとなるが、他者に対向し、歓待するという心の躍動のなかで無限に明るく成長しているといえよう。かつて内村鑑三が天然を讃美し、樹木は下より見るよりも上から見た方が美しい、樹木は太陽に向かっているから、といったことがある。人間も同様であり、自己献身的に他者に向かい、そのことを通して神に奉仕する人間の顔は美しい。そこに人間の本然の姿が実現しているからである。

対話のなかでは自分が話すのと同じだけ、いやむしろそれより以上に相手の語るところに注意を集中させているものである。この他者に心を開いて向かっている精神の歓待は、顔の表情に美しさと輝きとをそえている。人間の目は前方に向いており、自分の方には向いていない。だから、他者に対向し、他者を歓待するとき、人間の顔はとりわけ美しく、よりよいものとなっている。しかし、自己に執着し我意を押し通すとき、人間のかんばせは歪んでしまう。だれでも客を接待するとき、できるかぎり美しく飾り、相手に不愉快な思いをさせないように心を尽くす。気持のよい挨拶の声、明るい目、歓迎の笑顔、信頼にあふれる語りかけ、これらは応対における美の現われであり、人間の本性にぴったりあっている。

3　人間の成熟と邂逅の弁証法

対話のなかでの生の著しい高揚について考えてきたが、現実にはそのような生の高まりとは反対のモノローグが現在の人間関係を支配し、対話への道をふさいでいる。しかしモノローグがいかように猛威をふるっているとしても、人間はモノローグのみによっては生きられない。なぜなら、人間は対話であるという基本命題は、すでに論じたように認識論や人間の間柄においてのみならず、人間そのものの本性のなかに深く根ざしている事実によっても確認されるからである。そこで乳児や幼児の生物学的、心理学的考察から対話が人間の自然本性のなかにいかに根づいているかを、いわゆる「最初の邂逅」を通して考察し、この対話的本性が自我の発育を通してどのように人格の成熟にまで達するかを、さまざまな邂逅の出来事によって弁証法的に発展するプロセスをとおして考察してみたい。

（1）「最初の邂逅」における人間の対話的本性

オランダの生物学的人間学の大家ボイデンディークはおもに人間と猿の比較研究から人間的なるものの特質を捉え、邂逅や対話の人間学的意義を説いた。ここでは彼の二つの著書、『人間と動物』と『人間的なるもの』からそれぞれ一つずつ重要と思われる論文「人間の共同体と動物の共同体」と「邂逅の現象学に寄せて」を選んで彼の主張の要点をあげて考えてみたい。

生後数か月たった乳児が最初に邂逅するのは母親であり、この母をじっと見つめている乳児の様子を観察してみると、動物の仔がその親や飼主を眺める眼とは全く違った差異が明らかになってくるとボイデンディークはいう。それは「乳児の眼差し」に認められる「距離と関与」、「同一視と客体化」の二重性と同時性であって、ここにわたしたちがすでに対話の基本運動として考察した「距離と関係」から成立する「対向」の事実が乳児のなかに芽生えていることが知られる。

人間の子の眼差しには、どこか「控え目なところ」がある。人間の子は観ることのうちに距離をつくり出すと同時に、その距りの橋渡しをするのである。この眼差しは親愛感や認識を現わしもするが、また同一視（Identifikation）と共に客体化をも表現している。このような乳児の見つめ方は原理的には遊戯中に人形を見つめる二才児の場合と同じであって、二才児の場合にも眼差しは関与しながら距離をおく態度を示している。

（『人間と動物』浜中淑彦訳、みすず書房、一四六頁）

同じく子供の場合でも乳児と二歳児である幼児とを彼は区別している。乳児の場合、観ることのなかに「距離と関わり」の二重性があり、かつ同一視と客体化の同時性があるが、幼児の場合には観る「関与のなかに距離」がおかれている。この距離が幼児の自我を形成するのではなかろうか。成人した人間は事物との距離を十分とってこれに関わっているため、自分のまわりのなじみ深い対象は自己に軽くふれてくるにすぎないが、この距離が十分とられていない乳児や幼児の場合には、この事物に求愛し、相手として対向しあう相互性のなかに事物が現われ、事物は表情をもって語りかけている。神話時代と未開社会の人間と等しい物の見方がここに成立している。これは「汝の原関係」、「原体験的汝」とでもいうべき現象である。しかし子供の成長とともに距離感はいっそう増大し、この原関係から自我を発展させて、事物を客体として捉えるようになる。ボイデンディークは関与しながら距離をおく二重性を幼児の「微笑み」のなかにも発見し、次のようにいう。

最も高度に教化された猿をも含めて動物に全く欠けているものは微笑み、つまり人間の幼児が母親との出会いに対して応える、内面的で控え目な朗らかさの表現である。乳児は微笑みのうちに、自己の身体の中に予定されている仕方で、自分が人間であることを開示する。グワとヴィキ〔猿の名前〕は遊戯という交わりにおいて、時に幼児に似たくすくす笑いをすることがあったが、幼児はありとあらゆる仕方で微笑みもすれば笑いもする。というのも幼児は目覚めた意識をもって情況を客体化し、それによって情況にさまざまの新しい両価的意味を認めるからなのである。

（前掲訳書、一七五頁）

微笑みは対象に対する関与と距離の二重性を内面化した現象であって、広隆寺の弥勒菩薩半跏思惟像とかレオナルド・ダ・ヴィンチのモナ・リザのように人間の完成した姿のなかに現われている。この微笑や笑いを状況のうちで適切に表現しうる能力のなかに状況を客体化する自我の意識が現われてきている。このような乳・幼児における自我意識の発展段階について、ライン・エントラルゴはボイデンディークに献呈した書物のなかで子供の微笑を三段階に分けながら考察している。誕生後いく日かして乳児は笑うが、これは「にせの」（unecht）微笑であって、たとえばミルクをのんだあとで気持のよい情態の現われ、つまり純粋に無意識の性格をもっている。これはよく天使が笑わせているといわれるものである。約二か月たったころ前と違った性質の微笑みが始まる。これはある人の姿とか表現に対向してのみ始まるもので、人間のあいだに生じる関係行為の第一のものである。しかしこの微笑みはなお定形的であり、刺激に対しどちらかというと受動的に生じているにすぎない。それはまた母子の統一のなかにいわば埋没している。半年ほど過ぎると微笑みは能動的になり、意欲的で気どったものとなる。子供の「自己」(das Selbst)が現われていて、もはや単純に刺激に反応するものではない。いまや行動も抽象的になってきて、主体と客体、自我と世界の間の分裂が示されている。こうして自我と事物との分離が開始してゆくと彼は説いている(Lain Entralgo, Teoria y realidad del otto, II, 165-70。これについて Bockenhoff, Die Begegnungsphilosophie, 1970, S.242f. にある解説による)。

幼児の微笑みのなかに距離と関与の二重性が自我の確立とともに明らかになっている。それに対し、この距離と関係こそ対話の基本運動であった。ボイデンディークも人間と動物の差異は結局人間が対話のなかで、つまり言語的関わりのなかで人間性や自由が増大してゆくことに求められると結論を下している。

幼児と猿の本質的相違とは、世界との対話のうちで幼児の自由が増大してゆく点に表われていることがわかって見れば、猿が決して空想上の遊戯を行ない得ないのも自明の理である。……出会いと交わり、遊戯と模倣における幼児の発達とは彼の人間性、自由、達成、義務的規則――そして言葉の統一的展開である。（ボイデンディーク、前掲書、二七六頁）

世界への対話的関わりは言語のなかで展開するが、言語現象それ自体のなかにも、デルボラーフが認めているように、全体から分離し疎外する「距離」と主体的に全体に向かう「関与」とが「対話的生」のなかで止揚されているといえるであろう（J. Derbolav, Existentielle Begegnung und Begegnung am Problem, in: Begegnung, hrsg.v. B. Gerner, 1969, S.176）。

（2） 邂逅の現象学

ボイデンディークはその論文「邂逅の現象学に寄せて」のなかで邂逅こそ「本来的な人間性」への認識を開示することを力説する。彼は実存論的人間学により邂逅の現象を解明しようとする。なぜなら人間の隠されている実存の可能性は邂逅において諸状況に直面し、自己をそこに意義あるものとして投企し、自己の洞察にしたがって状況を確立し、人間としての最も深い実存を達成することによってみたされるからである。とくに人間的出会いは相互的であり、この相互性こそ現実の出会いの条件である。だから邂逅する他者は「わたしの現存在を現存在たらしめる補助であり」、対話を交す間の領域に邂逅の空間が形成されている。この空間は物理的なものでも内面的で何か静態的な関係のシステムでもなくて、対話において初めて形成されるものである。つまり、対話のなかで共同的世界をたて、身体を通して互いに直接触れあうことから生き生きとした思想を形成する（F.J.J.Buytendijk, Das Menschliche. Wesen zu seinem Verstandnis, 1958, S.90.)。つまり互いに見つめ合い、身振り、微笑み、語らいの相互性のなかで、問いかつ答える存在こそ世界の内にある存在としての人間なのである。「このように覚醒することが人間と成ることである。なぜなら実存は交わりのなかで初めて現実化しているから」（F.J.J.Buytendijk, op. cit., S.93）と彼は主張した。ボイデンディークの論文「邂逅の現象学に寄せて」は彼の思想を人間と動物との比較研究の成果を要約しながらまとめたものであり、メルロー・ポンティとほぼ同じ現象学の方法によって人間性を解明している。

（3）　邂逅の弁証法

さて人間と成る実存の歩みを辿りながら、他者の姿がさまざまな形を通して出会われ、邂逅と対話のなかから人格が成熟してゆく過程を考えてみよう。そこでブーバーのテーゼをまずあげてみたい。彼はいう、「人間は汝との関わりにおいて我となる」（ブーバー、前掲書、四〇頁）と。邂逅のなかで「汝」がいろいろと姿を変え、交代して流れてゆく歩みのなかで、この「汝」の傍らにつねに変わらず伴っているもの、つまり「我」が意識されてくる。人間は「我」「わたし」をいう前に「汝」「あなた」を語る。母親に「あなた」と呼ばれていたので、自分のことを「あなた」と呼んでいた子供があった。「汝の原関係」のなかからすこしずつ分離が生じ、距離をつくることによって自我を確立し、意識的に「汝」への関係を拓いてゆくのが幼年期から少年期への移行である。しかし、「汝」はいまだ「汝の原関係」の要素を保存しているため、少年に「汝」として現われるのはいぜんとして母であり、家庭の守護者としての母の下に庇護を得ているため、自然も同様「母なる自然」として少年に現われている。したがって母の庇護が過度にあつい場合、自主性に乏しく環境に依存し、単純で粗野な人間、「子供っぽい」甘えをもつ発育不完全となるか、逆に保護が得られない場合には、社会を敵視する反逆的性格をもちやすい。少年期は過ぎやすく成熟して青年時代へ移行する。

青年時代は自我の自覚、つまり主体性が確立される時期である。母にかわって父が「汝」として近づいてくるが、父と子の関係は世の常として不仲になり、父はしりぞけられ、父の指導に従うことはほとんどない。父こそ青年の最もよき相手であるのに、自分と似た仲間のなかで共同して自己主張をどこまでもつらぬこうとする。そこで「友」が「汝」として現われ友情のなかに青年時代は成熟してゆく。しかし青年の特質は自己主張であるから、血気にはやる若気の誤りによる試行錯誤を繰り返すことなしにこの時代が過ぎることはありえない。青年時代を終わろうとする頃、友のあいだから一人の異性が「汝」として現われ、生涯の伴侶となるなかで真実の愛が学ばれる。かくて青年らしい情熱をたたえながら壮年時代に入る。これまで友を傷つけてきた痛みはここに他者への奉仕と社会的責任を負う積極的参加の態度をうむ。壮年時代には社会、国家、家庭が共同体的「汝」として立ち現われ、社会における役割を分担して自己の分を尽くすようになる。

このように人間は「汝の原関係」のなかから、つまりみずから選択したのではない特定の両親の間から生をうけ、生まれながらにして間柄的・関係的であるが、この原関係をひとたび破って、その関係の外に出て、自己を確立し、自覚的に関係をとるようになる。しかし、自己中心的我欲や自己主張欲のゆえに人格関係の破綻をきたすが、この挫折をくぐりぬけて他者との共同に生きる自覚にまで達する。この邂逅の道を一歩一歩通りぬけることによって人格はおのずから創られる。つまり、成熟のうちに時が熟して実るのである。

（4） 原関係と関係行為の弁証法

これまで述べてきた人生航路の一般的な歩みのなかで、「汝」の姿は、母・父・友人・恋人・妻・共同体となって変化して現われ、邂逅のプロセスの一つ一つの段階を構成している。しかし、この邂逅は自我の確立とともに汝関係を傷つけ破壊する否定的なものによって弁証法的になり、否定の苦難を経過してのみ次の段階へ移りゆくことになる。このことは関係の本質に根拠をおいている。つまり人間存在は関係における存在であるが、はじめの関係、したがって「原関係」から分離して「距離」をおいて「関係」のなかに入ってゆくものである。だから、関係のなかから関係行為が現われるためには、始原における基底的な原関係からの分離がなければならない。それなのにこの分離が原関係への離反としてまた反逆として矛盾関係に陥らざるをえないところに邂逅のプロセスの弁証法が成立している。

「汝の原関係」からひとたび分離して初めて関係行為が生じうるという弁証法は、さきに乳児の微笑みの現象のなかに「距離と関与」の二重性として現われ、同時にそれが自我の芽生えと結びついて、微笑みが母への関係行為であるという観察のなかに示されていた。この原関係と関係行為の間に生じる分離・葛藤・対決は父子関係でとくに著しい。父子関係は原関係としてはじめから所与の事実であり、わたしたちは自分の父や子供を選択することはできない。この始原の関係、つまり存在として所与の関係は、あらゆる関係行為の出発点として「原関係」をなしている。しかし、このような所与の自体的、つまり即自的関係は安定したものではなく、体質・性格・趣味・思想・世代の相違をうちに含んでいるため、分裂と抗争に陥る宿命をもっている。父子関係のこのような出来事は文学のテーマとして昔から「父と子」の主題のもとに描かれている。この日常生活の出来事を制作上の理論とするわたくし小説の表現の完成者といわれる志賀直哉の作品は、中篇以上の作品のなかでいずれも青年期の作者と父親との不和を扱っている。この父子関係の葛藤が作者の青春の内実を決定し、かつこれが文学の主要なテーマとなっている。彼の制作上の理論が日常生活を子が父に対する反抗の姿勢でしか描きえなかったため、家長に反抗して、著作活動にたずさわったものの、その家長も彼が二四歳のときに死に、やがてみずから家長になると何も書けなくなってしまう。「年をとって段々苛々しなくなったお蔭で楽になったが、その為め若い時書いたようなものは書けなくなった。一得一失である」（中村光夫『志賀直哉論』筑摩書房、一六頁からの引用）と彼は述べている。

父子関係は家長に反抗し、自分が家長になることによって終わる自然現象以上に人間の関係を普遍的にあらわしている具体的事例である。たとえばパウロは父子の関係をして神と人間、人間同志の関係にまで発展させている（たとえばローマ書第六章とガラテヤ書第四章にある「父」と「子」

との関係、およびそれらの書簡における位置を考えてみると判明する)。そこには関係の始原的所与と主体的関係行為との弁証法的関連が見られるとわたしは考える。つまり所与としての父子の関係は始原の「正」のうちにふくまれている「反」の契機の出現とともに、父と子の矛盾的対立という「反の段階」をつくりだすが、この矛盾をとおしふたたび父子の関係の根拠に立ち返り、父は「父たること」を、つまり真の父性を、子は「子たる身分」をわきまえて、関係行為としての「汝」を語りあうにいたるといえよう。

(5) 実存の超越としての「大いなる汝」

原関係が分裂をうちに秘めていて、離隔とその克服である関係行為にいたらざるをえないところに人間の有限的関係存在の本質があるといえよう。人間はこの自己の有限なることを自覚することによって永遠に変わらざる超越的な「汝」に憧憬をいだきかつ語りかける。こうしてわたしが汝関係から分離する否定的行為を通して自己を超えて他者に向かう視線は、個々の汝への呼びかけをつらぬいて絶対的汝に語りかけている。また逆にいえばわたしが出会う多くの汝は、それらを通してわたしがたえず求め続けている唯一の汝への道程であるといえよう。ブーバーは個々の汝と「永遠の汝」との関連について次のように証言している。「あらゆる個々の汝は、永遠の汝がそれを通して望み見られるひとつの狭間である。あらゆる個々の汝を通して、あの根元語〈我―汝〉は永遠の故に語りかけるのである」（ブーバー、前掲訳書、九八頁）と。ブーバーが、このように「永遠の汝」を捉える方法が、直観的であるのに対し、シュトラッサーは超越的にこの関連を捉えようとして次のように語っている。「わたしの生涯の全経験を超越する行為のなかに、わたしはわたしのすべての汝たちが唯一の故に向かう道の道標、里程標であったことを知る」と。また「もし唯一の汝が存在しないとするなら、どうしてそれを求め続けているのだろうか」としか哲学者は語ることができない。ただ信じる者のみが何をいうべきかを知っていると彼は言う（『対話的現象学の理念』齊藤伸訳、知泉書館、一二二頁）。このような直観的かつ超越的な関連に加えて、この関連が飛躍的生の高揚であると証言することができる。前節で語った対話のなかでの生の著しい高揚はこの関係の飛躍的動態を示している。したがって対話的生の高揚は究極的には永遠にして唯一の絶対的汝への対向によって生起しているといえるであろう。

マルセルはこの「絶対的な汝」について『希望の現象学と形而上学に関する草案』のなかで「希望」を例にして語っている。希望するというのは現実の試練にみちた状況をこえて他者なる「汝」に向かうことを意味するが、この希望があらゆる制限をこえた絶対的希望にいたるためには「絶対的汝」との出会いがなければならない。彼はいう、「絶対的希望とは、被造物がいまある自己の一切を、ある無限な存在から受けており、なにによらずある制限を課そうとするなら躓きになるということを意識するとき、彼がその無限なる存在に対して行なう応答として現われるものである。この絶対的な、〈汝〉は、その無限の寛容さのうちにわたしを虚無から救い出してくれたのであるが、この〈汝〉の前にいわば身を沈めるときわたしは絶望することを永遠に禁じられているように感じる」（マルセル、山崎庸二郎訳、『現代の信仰』平凡社所収、二七七頁）と。この絶対的汝は人間の自己に依存する生き方の悲劇的挫折のなかで初めて明らかになってくる。だから、こうもいわれている。すなわち、「この絶対的な〈汝〉こそわたしが自己自身をもって構築する都市、しかも経験が悲劇的なかたちで証し立てているように、それ自体灰燼に帰する能力を付与されている都市の中心にあるものなのである」（マルセル、前掲書、二九三頁）と。

邂逅のプロセスにはこのような弁証法的超越、もしくは実存の弁証法が見られる。キルケゴールに最も明確に示されているように、人間的現存在の不安、絶望、罪、死をとおって信仰への飛躍的決断の前に人は立たされているのである。しかし、わたしたちが経験する人生の挫折と死にいたる絶望は絶対的汝への希望をおこさせるだけでなく、キルケゴールが『罪ある女』について試みた説教のなかにあるような「大いなる愛」へとわたしたちを導くといえるであろう。彼はこの女性に次のように語らせている。

わたしは文字通り全然何事も為すことはできず、彼は絶対的にすべてをなしうると。しかしこのことが実に愛すること大であることの意味である。人が何事かをなしうると思うときには、人は恐らくまた愛することもできるであろう。しかし愛することは大ではない。そして人がより多くなしうると思えば思う程、それだけ愛することは少くなるのである。……まったく自分自身を忘却するというこのことこそが、実は愛することの大なることについての真の表現である。人が自分自身について考えるときに、恐らく人は愛することはできるであろう。しかし愛すること大ではない。

（『愛は多くの罪を掩う』久山康訳、アテネ文庫、三九頁以下）

キルケゴールにおいて人間の現実は苦悩に満ちており罪に染まっている。人間は他者を愛することができないというこの自覚の深みこそ、かえって「大いなる愛」を生みだしている。ひとたび現存在の否定をとおることによって自己を超越して他者に向かうこの愛は「大いなる汝」として生の高揚と飛躍のなかにある。実存弁証法は飛躍弁証法と呼ばれるが、この飛躍は「大いなる汝」を語る信仰によって生じている。そこでの邂逅は「大いなる邂逅」であり、そこで交される「対話」は神の言葉を聞き祈ることである。キルケゴールは神の前に立つ個人、つまり単独者を中心に思索を展開しているが、「大いなる愛」は「大いなる汝」として神のみならず、他者にも開かれたあり方を導きだしている。それは自然的所与の「汝の原関係」を自己中心的罪によってひとたび否定した上でいっそう深く大きくそれを肯定するものとして、実存弁証法を形成しているといえよう。

このように現在の自己を邂逅と対話により超越してたえず他者に向かう開かれた実存こそ人間の真実の姿である。人間は対話であるというのは、この開かれた、「大いなる汝」を語る「超越」としての実存であることを意味する。他者に向かって自己を開き、対話の行為によって、みずからを高めて「自己」と成ってゆく歩みは、自己を超えて他者に向かいながら自己のもとにあるゆえに、自制心にとみ、情念のバランスがよくとれ、思慮探さを身につけた、成熟した個性的な人格として現実には現われている。

Ⅶ　人間学の現代的意義

わたしたちが学ぼうとする人間学は今日の社会においてどのような意義をもっているのであろうか。それをわたしは人間学の固有な課題から考えてみたい。

1　人間と人格

人間学が一般に問題にする「人間」は、生まれながらの自然的な人間ではなく、人間がある段階まで成熟して到達する「人格」である。自然的な人間は生物学や医学といった人間科学が対象とする人間であって、悟性的で科学的な認識によって研究される。それに対し「人格」としての人間は、科学によっては解明できないものであり、科学的な対象となりえない非対象的な存在であって、それは何かを遂行している「作用」としてのみ現象しており、わたしたちはそれを他者との出会いと対話を通して理解することができる。

それゆえ人格は自然科学や医学が対象とする一般的な人間ではなく、「人間」という言葉が古来「じんかん」と読まれていたように「人と人との間」を生きる、他者との間柄を生きる人格である。この人格は「人がら」や「人となり」を意味していても、行動や活動を通して「作用」として現象する点は、それがもと「ペルソナ」(persona)という原語が示すように、俳優が演技している、つまり作用しているときに顔につけた「仮面」を意味したことからも判明する。さらにそれはキリスト教では三位一体の間の「関係」を表わす「位格」として用いられた。また近代の倫理学では役割を演じる道徳的な行為者を意味し、カントでは道徳法則を担う実践理性の主体を言い表わすようになった。

その際、人格はまた「人格性」(Persönlichkeit)という人間の基本的価値や尊厳を示すものとして、すべての人に認められるようになった。しかし人格は後述するように同時に他者との交わりのなかで独自性と個性とを発揮しうると考えられる。カントは「人格性」を担っている個々の人格にもとづいて人格主義を主張し、「人格」と「物件」(もの)との基本的相違を指摘する。つまり物件は他のものの手段となりうるもので、価格がつけられるが、人格の方はそれ自身で尊厳や品位をもっているから目的となっても手段とはならない。ここから人格主義の命法として、

「汝の人格の中にも他のすべての人格の中にある人間性を、汝がいつも同時に目的として用い、決して単に手段としてのみ用いるというようなふうに行為せよ」（『人倫の形而上学の基礎づけ』野田又男訳、「世界の名著32カント」二七四頁）と主張した。この人格主義は人間の尊厳に立つヒューマニズムの精神を表明しており、人格性はすべての人に平等にあると説かれた。

ところが人間は他者との邂逅と対話を通して次第に成熟していくことが考慮されなければならない。たとえば生物学者ボイデンディークは邂逅こそ「本来的な人間性」を認識させる点を力説する。なぜなら人間の隠されている可能性は邂逅において諸状況に直面し、自己をそこに意義あるものとして投入し、自己の洞察にしたがって状況を造りかえ、人間としての最も優れたあり方に達するからである（F.J.J.Buytendijk, Das Menschliche Wege zu seinem Verstandnis, 1958, S.90-93)。とくに人間的な出会いは相互的であり、この相互性こそ出会いを可能にする条件である。したがって、わたしたちは相互性からなる対話のなかでの触れ合い、つまり互いに交わす見つめ合い、身振り、微笑み、語らいのなかで問いかつ答える応答によって成熟し、人格にまで育成される。

こうして他者の姿がさまざまな形を通して出会われ、対話の中から人格が成熟してゆく過程を考えてみよう。このことに関してブーバーは言う、「人間はあなたとの関わりにおいてわたしとなる」（『我と汝』前訳、「著作集Ｉ」みすず書房、四〇頁）と。邂逅のなかで「あなた」がいろいろと姿を変え、交代して流れてゆく歩みのなかで、この「あなた」の傍らにつねに変わらず伴っているもの、つまり「わたし」が意識されてくる。したがって人間は「わたし」を自覚する前に「あなた」を語っている。たしかに「あなた」との対話的関わりのなかで初めて「わたし」が語られ、自覚されるようになる。このような関わりのなかで人間らしい人間としての「人格」が育ってくる。

福音書のなかで人々はイエスと出会っているが、イエスは他者を人格とみなし対話的に関わっている。たとえば「サマリアの女」との出会いを考えてみよう。サマリア人の女は、町にも泉があるのに、町から遠く離れた、しかも「井戸の水は深い」（ヨハネ四・一一）とあるように、汲み出すことが困難であった井戸になぜ現れたのか。彼女は実は不品行のゆえに評判のよくない女であった。それでもイエスがこの女に水を請うたところを見ると、彼が伝統的な儀式や習俗によって定められた社会的因襲から全く自由になっているばかりか、評判のよくない女をも人間として人格的に扱ったのである。それを見て、彼女は二重の意味で驚嘆してしまった。このようにイエスは他者と人格的に関わっているばかりか、他者を人格となしている。したがってわたしたちがイエスに倣って社会的に不幸なレッテルを貼られた人間をも人格として扱うことをキリスト教人間学は求めている。
このように他者関係のなかで人が人格となっていく場合には、先にカントによって説かれた単独の個人として価値を担っている人格ではなく、相互的に関係し合う「間‐人格性」に立つ人格であると言えよう。マックス・シェーラーが初めて、この人格を正確に把握することに成功している。彼は次のように言う。

精神とはそれ自体で対象となりえない唯一の存在であり、まったく純然たる作用性であって、自己の作用の自由な遂行においてのみ自己の存在を得ている。この精神の中心である「人格」は対象的存在でも事物的存在でもなく、絶えず自己自身を遂行している（本質的に規定された）諸作用の構造秩序にほかならない。
（シェーラー『宇宙における人間の地位』亀井裕他訳、『シェーラー著作集13』白水社、五九頁）

したがって人格にはさまざまな行動を一つに束ねる「心情の基本線」があり、この束ねられたものが引用文では「諸作用の構造秩序」と呼ばれる。またこの人格の理解は、ともに行動し、他者の人格に関与する行為である「存在参与」によって初めて理解されてくる。さらに彼は「人格概念が適用されるのは人間的実在の特定の段階において初めて可能なのである」とも言う。たとえば、人間が魂をもち、自我の意識が認められても、いまだ人格とはいえない。というのは、魂をもち、我性もある動物を、わたしたちは人格とは言わないからである。人格の本質が明らかになるのは、人間一般ではなく、ある段階にまで成熟した人間においてなのである。

それはどのような人間であろうか。彼によると人格の成立の第一条件は「たとえば狂気に対立する健全性」である。自分の考えに閉じ籠もって一方的にそれを他者に押しつけるのは狂気に近い。それに反し健全な人は他者を外面的に観察して推測し、因果的に説明するのではなく、他者の精神的中心から発している生の表現や行為を追体験し、内側から理解する。次には「成年性の根本現象」が人格成立の第二条件である。つまり人は自己と他者とを同一視する未成年を脱して、初めて人格となる。その際、「自己の作用や意欲や感情や思惟と他人のそれとの間の相違性の洞察を体験しうること」が必須の条件となっている。第三に、それに加えて人格は「また自己の身体の支配が直接的に内部に現象して来ており、自己自身を直接的に自己の身体の主人として感知し知り体験している人間に属する」といわれている。つまり、自己の身体の意識と自己とを同一視している人はいまだ人格ではなく、それをも「わたしの身体」として自己に所属させている人が人格である（GW., II, 471-472. シェーラー『倫理学』第三巻、一六七頁。訳文はテキストにしたがって改訳する)。

人格の成立についてのこのような条件は、人間生活にとってきわめて重要である。これらの条件はすべて自己に対する距離と他者の異他性の認識にもとづいて成り立っている。これが成熟した人格の特性であって、自我のみを独占的に主張するエゴイズムとは区別される。こうして人間が成熟して人格となることによって初めて、わたしたちは社会生活を十全に営むことができる。

それに対しカントが強調した個人的な人格性は尊厳をもっており、すべて人に妥当する普遍性があっても、他でもないこの普遍性のゆえにかえって抽象的となってしまう。それに対し具体的人格は抽象的なものではなく、個性的なものであり、各人の個性のなかに、特定の役割を分担し、相互的間柄に立つ「間 - 人格性」(inter-personality) に求められなければならない。というのも人格者とは無為の閑人ではなく、愛において積極的に他者に働きかけ、奉仕する者を言うからである。

さて個性はすべて独自性をもっている。実際、独自な個性的存在にして初めて、他者と積極的かつ具体的に関わることができる。自然は人が共通にもっている自然の賜物たる才能を一様化しないで、多様な所与性を与えるほうを選んでおり、所与の才能の多様性によって人間の個性化が促進される。それゆえ自己の才能の特殊性をわたしたちは正しく認識し、個性を磨くようにすべきである。個性はきわ立った性格を各人にきざみつける。そのため特殊な役割を分担することを可能にし、多様性によって相互的な共同性を実現させる。あたかも歯車の凹凸のように、相互にかみ合う共同関係は個性において成立しており、個性的であるがゆえに他の個性と協力し合い、そこから共同性や社会性が成立する。こういう相互に質的差異をもった人格の共同こそ、間柄関係を担う倫理的主体を生みだすのである。シェーラーはこのような社会的な責任を負う人格を「総体人格」と呼び、さらに神との関係を担う宗教的な「秘奥人格」についても考察する。この最後のものはキリスト教の霊性に当たる。

2　心の働きの深さと射程

心には特別な感受機能として一種のアンテナが備わっているように思われる。アンテナは電波を傍受する働きである。それは心の感受機能であって、そこに優れた受信機さえ備わっていれば、ときには人々が普通には聞くことができない音や声をも聞き取ることができる。わたしはラジオで南半球の雷の音を聞いたことがある。耳には何かの音のような響きもしないのに受信機さえあれば、地球の反対側の雷の音を、それは恰も狸の腹ずつみのように聞こえたが、捉えることだってできる。この受信機は聞く働きである「耳」として実はわたしたちの内に生まれながら備わっている生体の機能である。したがって聞こえているはずの音や声がわたしに聞こえないのは、やはりアンテナの感度が悪いからである。

聖書を読んでみると、わたしたちの受信機である「耳」が悪いということが時折語られる。イエスの説教の終わりに「耳のある人は聞きなさい」（マタイ一三・九、四二）とよく記されている。総じて耳のない人はいないから、ルカが書き直しているように「聞く耳のあるものは聞きなさい」（八・八、一四・三四）ということになろう。同じことを使徒パウロもローマの信徒への手紙で言っている。「実に信仰は聞くことにより、しかも、キリストの言葉を聞くことによって始まるのです。それでは尋ねよう。彼らは聞いたことがなかったのだろうか。もちろん聞いたのです」（一〇・一七―一八）。これに続けて詩編「その声は全地にひびきわたり、その言葉は世界の果てにまで及んだ」（一九・四）が引用される。この詩編で言われていることは「もろもろの天は神の栄光をあらわし、大空はみ手のわざを示す。話すことなく、語ることなく、その声も聞こえないのに、その響きは全地にあまねく、その言葉は世界の果てにまで及ぶ」というのであって、人々の耳には聞こえていないのに、神の言葉は全地にあまねく行き渡っている。したがって聞こえているのに聞こえないのは「聞く耳」を、つまり信仰をもって聞かないからである。この信仰は霊的な感受機能としての「心のアンテナ」ではなかろうか。

このような「心のアンテナ」の意味をいっそう明らかにするために、アウグスティヌスの回心の物語が役立つ（彼が青年時代に苦しんだのは金銭・地位・女性であり、金銭欲と名誉欲のほうは克服できたのに、性欲の支配から逃れることができなかった。当時の回心では全身全霊をあげて献身することが求められていた。どうして自分だけが信仰に入るのに苦しまねばならないのかと彼は真剣に考えたのである。当時イタリアのミラノに滞在していた彼は庭園のある家で回心を経験した）。回心の直前には神の言葉が胸元まで迫っていると感じながらも依然として回心の決断ができないままに彼が躊躇していたとき、子どもたちが「取れ、読め」（tolle, lege）と歌う声を聞き、聖書をとりあげ、開いた箇所を彼は読んで、回心した。

「子どもの声」というのは当時の漁師たちのかけ声であったとも推測されたり、人によっては文学的な創作ではないかと疑う人もいるが、この声を神からの声として聞いたところにアウグスティヌスの優れた「心のアンテナ」が働いていたといえよう。そのとき彼は自分の生活を反省して良心的な苦悩を味わっていた。一般に良心が呼びかける声は自分の内から発せられるのに対し、神の声は心の外から彼の良心に呼びかけていた。この声をアンテナによって聞き取ることで回心が起こった。声と耳と心との三者の関連を彼は次のように語っている。「その〈声〉はわたしの

〈耳〉に流れこみ、あなたの真理はわたしの〈心〉にしみわたった」(アウグスティヌス『告白録』九・六・一四)と。その他に「わたしはこれらのことばを外に読み、内に認めて叫んだ」(同九・四・一〇)。また「あなたはわたしたちの心をご自身の愛の矢で貫かれた。そこでわたしたちは腸に突きささったあなたの言葉を身に帯びた」(同九・二・三)。「主よ、ご覧のとおり、わたしの耳はあなたのみ前にある。その耳を開いて〈わたしはお前の救いであるとわたしの魂に語ってください〉。わたしはこの御声を追いかけ、あなたをとらえる」(同一・五・五)。

もう一つ例を挙げてみよう。カロッサは医者として従軍し、戦場に出発する前にリルケに出会ったことを『指導と信徒』のなかで語っている。彼はリルケの最初の印象から、魂の奥底に真珠採りのように幾度も下って行った人の姿を捉えた。そこからリルケの意見がどうして人の心に深く訴えるかを彼は知るようになった。「彼は教えもしない、要求もしない、強制もしない。あらゆるたたかいは、すでにつとに寂寞(せきばく)の時間に彼によって行われていた。招かれてその卓に坐る客は、獲得された諸々の地域の光輝と充溢とのみを見ればよかったのである」(『指導と信従』高橋義孝訳)。

意見(発言、主張)というものは何よりも語る人の体験の深みから発していることが重要であって、そのような意見は人を生かし、かつ人に自由を与える。そこには心の深みに立つ人の聞くことと語ることとがきわめて深い意味をもっている。カロッサが気づいたのは、リルケが人の心の深部にある聴覚を働かせているため、外部の騒音を全く意に介さないという著しい事実であった。それはリルケが自分の文章を朗読している最中に給仕の女性が紅茶茶碗をひっくり返したときに明らかになった。

物凄い喧しい音がしたに相違ないのだが、不思議なことに、その音が聞えはしたものの、耳に入らぬというような具合だった。朗読の落着いた流れは、一瞬たりとても中断されなかった。騒音は、この魔力圏の外部にとどまっていた。詩人の声はさほど大きくなかった。けれどもその声は、非常に深部にある特別の聴覚神経、ある日常的な騒音をてんで受けつけない、心のアンテナに達するかのように思われた。（同前掲書）

カロッサはこのとき彼が人の心の深部にある聴覚を働かせているため、外部の騒音を全く意に介さないという著しい事実をこのように語った。そこには素晴らしい「心のアンテナ」が働いているように思われる。これが人間に備わっている心の機能としての霊性なのである。というのも、実際、詩人リルケは魂の深部から響いてくる声を聴き洩らすまいとして流浪しつづけ、家庭的幸福の一切をもあえて犠牲にした人であった。彼は人生の有する意義の聴聞者であったといえよう。だからこそ彼は助言を求める人に耳を傾け、その人を自己自身の存在の深みへと導き返すことができたのである。

霊性は人間に生まれながら備わっている「精神的な宗教作用」として特徴づけることができる。この規定には「精神」と「宗教」と「作用」との三つの意味が含まれている。精神は人間の心の働きであって、感性や理性を用いて生きる人間的な生き方を形成する。この精神の作用には永遠者や絶対者に関わる宗教的な信仰も含まれる。こういう宗教的な作用を霊性という。その機能にはさまざまな働きが含まれている。この機能をまずは「心のアンテナ」として考えてみよう。

わたしたちの心には生体の機能として特別な聴覚が備わっているように思われる。それが「心のアンテナ」であって、その働きは感覚や理性の作用とは相違している。このアンテナは「取りて、読め」という外から来た言葉を聴覚（感覚）によって聞きながらも、その背後にわたしの心に向けられた神の声としてそれを捉えている。こういう心の機能を霊性という。わたしたちはこれまで人間を感覚的に捉えたり、理性的に考察してきたが、霊的に解明したことがなかった。感覚的な人間理解や理性的人間把握はつねになされてきたが、心の深部に宿る霊性から「人間とはなにか」と問うたことがなかったのではなかろうか。したがって未だ解明されていない人間の姿をこれによって把握することができるように思われる。そこで霊性の観点から人間とはないかを問うてみたい。

3　霊性の機能的研究の意義

旧約聖書に登場する知恵文学の著者コヘレトは「神はすべてを時宜にかなうように造り、また、永遠を思う心を人に与えられる」（三・一一）と語った。このように霊性は永遠者とか絶対者の感得から成り立っている。それは単なる主観的に高揚し熱狂した態度ではなく、絶対の実在者である聖なる神の前に立つ人間の態度といえよう。一般的にいうと宗教は他の精神活動と混合されて理解されやすいが、宗教意識を人間の生理や心理の生命過程から切り離して純粋に取り出し、その精神作用の本質を分析することができる。このような宗教の現象には個人的な行為と社会的な行為とに分けて考察されることもある。前者には内面的な自己沈潜、自己救済への顧慮、罪の悔い改めなどがあり、後者には宗教的祈願、感謝、賛美、嘆賞、崇拝、従順、宗教的権威の発揮などがある。

さらに、マックス・シェーラーによると宗教的作用に固有な法則性は次の三つの特質をもっていると言われる。彼によるとわたしたちに内には「神に向かう霊的志向」がありそこに三幕物のドラマが展開し、そこから宗教的作用の三つの法則性を取り出している。三つの法則性はいずれも宗教の本質要素を的確に捉えており、（1）「その志向の世界超越性」と（2）「それはただ〈神的なるもの〉によってのみ満たされうる」および（3）「それは自己自身を開示し人間に自己を捧げる神的性格の存在者を受け入れること（神的なるものの自然的な啓示）によってのみ満たされる」。

宗教的精神作用の特質は、その他の認識と異なり、それが本質上志向しているその当の対象の側からの応答、対応作用、反応作用を要求することにある。これは愛（Liebe）が応答愛（Gegenliebe）と本質的に連関している事態と同じであると。彼はこれを人格的宗教の伝統から取り出しており、非人格的な宗教や自然宗教さらに神を認めない宗教においては、別の法則性が妥当している。

ところで人が「その心のうちに神が住まい働いている」と言うとき、それは「精神的人間」を意味するのか、それとも「霊的人間」を指しているのか。こういう疑問は当然起こってくる。それゆえ、ここで「精神」と訳されているドイツ語の Geist の意味が検討されなければならない。たとえば Gott als Geist と言われる場合、それは「神は霊である」（Gott ist Geist. ヨハネ四・二四）

からきており、これを「精神」と訳すことは問題となろう。聖書的な πνευμα（プネウマ）はラテン語では spiritus と訳され、日本語では一般に「霊」や「霊性」という訳語が与えられ、「神は霊である」と訳される。ところで、キリスト教思想史の伝統では「霊」の理解は哲学的意味と神学的意味との二重の意味をもっている。そして哲学的意味は「霊・魂・身体」からなる自然本性的な三区分によって示され、神学的意味は「霊・肉」からなる宗教的なあり方の二区分によって示される。わたしたちはこの二重の意味を明瞭に区別すべきである。このことは一般には自覚されていないため、哲学的意味と宗教的意味との概念上の混乱が生じてしまう。

一般的に言って精神が自己の脆弱性、虚弱性、不安定性を感じて永遠者の尊厳と崇高性を生き生きと感じるとき、神は人間と同じく精神であると言われるであろうか。永遠者との断絶が感じられ、神の恩恵による救済が求められるとき、わたしたちは一般的な精神よりもさらに内奥の霊によって永遠者を感得するため、「神は霊である」と言わねばならない。その場合「霊」は、パウロのコリント信徒への第一の手紙（一二―一三章）が説いているように、同時に神の救いの心である「愛」を表わしている。

そこでわたしたちは人間の心の認識機能のなかで精神と霊性、理性と霊性の関連を明らかにすべきである。知識の伝達の場合を考えてみると問題は単なる知識自体にあるのではなく、ソクラテスの場合、知識といっても人を生かす能力をもった知識であって、「知は力なり」と考えられる性質のものである。したがって知識の伝達は同時に人格を育成するような知識として伝達された。理解する働きは理性によって行なわれるにしても、理性は心の働きとして情念や意志とともに作用しており、全人格的関わりを無視しては理解作用は起こりえない。この全人格的な関わりこそ精神を指している。この精神は時代精神や民族精神のように集団の一般的傾向を示したり、個人の特殊な生き方を指す場合もあるが、宗教の場合には後者の個人的な心の深まりを意味する。霊性はこの心の深部にある特別な機能である。

4　宗教心の人間学的解明

心の深部にその存在が認められる宗教心は、永遠者の声を聞く聴覚の作用、つまり感受力からその本性を解明することができるのではなかろうか。この感受する能力はリルケのみならず、多くの詩人によっても示唆されている。それゆえ続けて詩人の生き方から精神の深部である「霊性」の作用を考えてみたい。そこでは聴覚がきわめて重要な意味をもっている。というのも自然や絵画また音楽は、注意深く聞く者にとって語りかけてくる言葉であり、見たり聞いたり感じたりする具体的時間を充実させ、味わい深い意味で満たすから。その事例としてワーズワスとキーツの詩を参照してみよう。

詩人は自然が語るのを受身になって聴いている。ワーズワスは真っ先に分析する悟性によって構成する科学的知識を否定する。彼は言う「差出がましい智能は、美しい物の形をそこねる、わたしたちは分析して殺すのだ」（佐藤清『キーツ研究』詩声社、一八頁からの引用）と。詩人は科学的な悟性知では把握できないものがあると語って、自然に耳を傾ける。ワーズワスは対話形式の詩『諫告と返答』のなかで湖畔の石の上に一人すわり、終日自然のなかで黙想し、書物と人間に向かわないことを「諫告」した友への「返答」を次のように歌っている。

眼はひとりでにものを見るし、
耳にきくなと言ってもしようがない。
どこにいようと、わたしのからだは
わたしの意志におかまいなしに感じるのだ。
またわたしは、宇宙には諸々の力があって
自然とわたしらの心に印象をきざみ

わたしらは賢い受身の立場に身を置いて、
心を養うことが出来ると思うのだ。
不断に語りつづける
この荘厳きわまりない万象のうちに、
おのずから現われ出るものが何一つなく、
ひとは絶えず探し求めねばならぬと君は思うのか。
だから、これで僕は話をしているのかも知れないから、
問うのはよしてくれたまえ、何故ここにひとり、
古びた灰色の石に腰を下して
夢うつつに時をすごすのかと。

（前川俊一訳）

詩人は無為に時をすごしているように見えるが、自然の語りかけに耳を傾け、話をしているのだという。「賢い受身の立場に身を置いて」（in a wise passiveness）「不断に語りつづける」自然と対話を交している姿がここに見事に描かれている。同様にキーツも詩人的気質を受動的なものと考える。彼はこれを「消極能力」（negalive capability）と言う。この受身の態度は彼の『書簡

集』を読んでみると、とくに「怠惰気分に働きかける朝（あした）の美」によって提示される。鶫（つぐみ）にことよせた詩のなかで「わたしはどんな本も読まなかった。この朝は言った、わたしは正しいと。わたしは朝のことしか思わなかった。そして鶫は言った。わたしは正しいと。そして鶫はこう言うように思われる」と述べて、鶫の言ったことを詩に表わしている。その声は自然そのものが語っているかのようである。その詩の一部だけ引用する。

そのおまえにとって春は三重の朝であろう。
おお、知識をさがしまわらぬがよい。わたしは知識をもたぬ。
しかもわたしの歌は暖気と共に自然にくるのだ。
しかも夕ぐれは耳をすましてきいている。
怠惰の思いを悲しむものは怠惰であるはずがない。
自分で眠っていると思うものは目を醒ましているのである。

（佐藤清訳）

詩人は自然に対し受け身になって、その語りかけを聞く。すると詩人の心に一つの実在が立ち現れてくるのを、詩人は言葉で捉えて明らかな形象へと結晶させる。これは単なる知識ではない。

知識は自然を対象として固定させ、これを分析して部分的断片へと分解させてしまう。詩人は自然に言葉を吹き込んで、自然がものを言うように生き返らせている。それは自然の言葉による自己創造ともいえよう。

リルケによると自然が人間の言葉を通して語ることによって形象化するために、事物の真実の姿は詩人の言葉を必要とする。彼の『ドゥイノの悲歌』第九歌のなかに「物たち」のこの状態がよく示されている。

しかし理解せよ、そう言うのは、物たち自身もけっして自分たちがそうであるとは、つきつめて思っていなかったそのように言うためなのだ。恋するものどうしが大地の力にうながされて、情感のみなぎるとき、そのいぶきをあびて、物たちの一つ一つが歓喜にみちて躍動するのは、言葉を発するすべをもたないこの大地のひそかなたくらみではなかろうか。

（岩波文庫、手塚富雄訳）

恋人たちに自然を美しく語らせるのも大地のはかりごとであり、かつ狡知（こうち）によって普通の語り方とは違う生命の躍動と充溢へ向けて自然は働きかける。このように言語をもたない自然との関わりは対話によって成立し、この対話的状況にはまず耳を傾けて聞く受動の態度が根本的前提となっている。「人間は耳を二つもつが、口は一つしかないことを忘れるな」とのゼノンの言葉は、人間の自然が語るよりも聞く働きを二倍にそなえている事実をいっている。

霊性は永遠者の声を受動的に捉えて聞く聴覚を本性的に備えている。それは感受機能である。だがそればかりか初めに述べたように、わたしたちは霊性には受容機能と行動機能をも併せもっていると言わねばならない。

Ⅷ　人間学の研究方法
──シェーラーとディルタイからリクールまで──

はじめに

現代の現象学は人間科学の成果を採り入れて現象学的人間学となっている。この流れのなかでどのようにして経験科学者と哲学者との接近は可能であろうかを問題にしてシュトラッサーが解釈学の意義を説いた（このことは哲学者と科学者との双方の謙虚さから生じる。両者はまず互いの立場を「区別する術」を体得し、その権限の限界を自覚しなければならない。とりわけ体系の時代には自然なことと思われた「思弁的思考の帝国主義」は断固として退けられなければならないと主張した）。彼は哲学者たちに高い品位の「謙虚さ」を求め、哲学に期待されているのは解釈学的意味であって、「歴史の意味、人間の運命、世界の存在などについての哲学者の考察がどんなに厳密かつ体系的に進行しても、その結果は解釈（Deutung）以外の何ものでもない」（シュトラッサー『人間科学の理念』徳永恂・加藤精司訳、新曜社）と説いた。この点はハイデガーの『存在と時間』が現われて以来、ますます顕著になってきており、「体系」の帝国主義の代わりに力を得てきた、解釈学としての哲学の基本姿勢となっている（シュトラッサー、前掲訳書、二八五頁を参照）。ここから唯一絶対の哲学、永遠の哲学はありえないというカントの立場がふたたび主張され、対話による真理探究への貢献度によって哲学の価値が決定された。それゆえ形而上学に傾斜した後期フッサールとも一線を画して「解釈学的地平にとどまる」決意が求められた。この要請に応えるのが解釈学的人間学である。

ところで「解釈学」（Hermeneutik）とは元来、聖書や古典のテキスト解釈における技法や理解および解釈の理論として形成された。それゆえヨーロッパの伝統において解釈学はテキスト解釈の技法として説かれてきた。これがやがて文学や哲学また法学にも応用され、今日では人間学にも影響し、解釈学的人間学を導き出した。このような新しい人間学が形成されるようになった現代哲学の歩みは、シェーラーから始まり、歴史的意識を重視するディルタイを経て、ハイデガー、ガダマーおよびリクールなどの思想系列を生み出した。

ディルタイは精神科学の方法論として解釈学を採用した。ここでは解釈学が古典文献のテキスト解釈法に限定されないで、あらゆる種類の「生の表出」もしくは「表現」にまで拡大された。彼はシュライアマッハーの解釈学を継承しながら解釈学の目標を「作者が自分自身を理解していた以上に、よりよく作者を理解すること」に定めた（ディルタイ『想像力と解釈学』由良哲次訳、理想社、一九六二年、九〇―九一頁。なお、この定義はカントの『純粋理性批判』の「先験的弁証論」の初めのところでも採用されている（B 370、高峯一愚訳、世界の大思想、二四八頁参照）。しかし彼は解釈学を認識論的な観点から展開し、普遍妥当的な理解の可能性を心理学的に探究しながらも、当時発展してきた歴史学の影響を受けることによって人間存在の歴史性を解明していった。この歴史性によって人間は過去に対する絶えざる解釈に依存している者であると見られたがゆえに、パーマーによると人間は「解釈学的動物」(hermeneutical animal) であると言われる（R. E. Palmer, Hermeneutics Interpretation Theory in Schleiermacher, Dilthey, Heidegger and Gadamer, 1969, p.118)。ここから解釈学的人間学の理念的可能性は明らかである。

ところで解釈学の認識論的な傾向はハイデガーの『存在と時間』においては認識論から存在論に転換し、解釈学とは理解や解釈に関する理論のことではなく、解釈することの遂行として考えられた。というのは従来の主観的な認識論では存在に触れることがないからであり、人間が認識に先だってもっている漠然とした存在理解を手引きにして、その内容を解釈しながら人間のあり方が解明されたからである。これによって「基礎的存在論」の課題が生まれ、解釈とは先行的な理解内容を「仕上げる」(ausarbeiten) 作業となり、彼は伝統的解釈学から決別することになった。

これに対しガダマーは、ハイデガーの基礎的存在論にもとづいて理解を認識様式ではなく、基本的な存在様式とみなしたが、理解を「人間の世界経験と生活実践の全体」として把握し直し、「現実的な経験の理論」と規定した。ここから解釈学の意味が多様化されたが、解釈学的人間学への方向も明らかとなり、その中からリクールが「テキストの解釈」として解釈学を再考し、解釈学的な人間学を説くに至った。

そこでわたしたちは解釈学をテキストの解釈に限定しないで、人間存在の解釈をおこなったシェーラーの解釈学的人間学を最初に問題としてみたい。ここでは先にシュトラッサーが語っていた意味において多大な哲学的貢献が見いだすことができるし、ハイデガーが言う意味での人間のあり方の解明がなされている。

1　シェーラーの解釈学的人間学

シェーラーの人間学の特質は精神と生命の二元論的構成に求めることができる（金子晴勇『現代ヨーロッパの人間学』知泉書館、第二章を参照）。この観点から人間が解釈された場合の偉大な発見をわたしたちは『羞恥と羞恥心』（Über Scham und Schamgefühl,1933）という論文になかに見いだすことができる。この論文で彼は人間学的な二元論から出発し、人間を精神と生命欲動という二原理の接触点として捉えた。その際、彼は羞恥心（羞恥感情）こそこの二原理の接触点であって、二つの原理がそこで触れ合う「場所」であると考えた。したがって羞恥感情は人間存在に必然的に結び付けられている機能であって、その果たす役割はきわめて重要である。この点は旧約聖書のアダムの堕罪神話によって比喩的に示された。その神話によると人間は「神の似姿」として造られたがゆえに、精神的志向が高く定められていたのに、身体的欠乏のゆえに禁断の「木の実を食べると、自分が裸であるのに気づいた」、つまり羞恥を感じたという。ここに人間の高い精神的人格と身体的欠乏との間にある不均衡と不調和が羞恥感情として起こる根本条件をなしており、精神と生命欲動とが触れ合い抗争していることから羞恥感情が発生することを指摘した。したがって羞恥心が強い人ほど、その志向も高いし、人間的な資質も優れていることになる。こうしてシェーラーは、羞恥を消極的な徳として規定したアリストテレスと正反対の解釈に到達した。この正反対の解釈のもとでわたしたちは優れた解釈学的人間学の成果を捉えることができる。羞恥はアリストテレスによって青年ならともあれ大人においては好ましからざる徳と考えられていた。しかし、この羞恥のもつ優れた意義を初めて明確に説いたのはシェーラーのすぐれた業績といえよう。羞恥は人間における精神と身体が触れ合うところで両者の接点として現象するが、このような橋渡しのない神や動物には羞恥は存在しない。こうしてシェーラーにおいてはアリストテレスの羞恥に対する評価とは正反対の結果が得られるようになった。

2　ディルタイの解釈学的方法

そこでわたしたちは解釈学的人間学の方法を拓いたディルタイの思想を次に問題にしてみたい。ディルタイはあらゆる精神的世界の構造を「体験」(Erleben) あるいは「生」(Leben) から解明しようと初めて試み、元来言語学の領域に属していた「解釈学」(Hermeneutik) を哲学的な認識の方法にまで高めた。こうしたディルタイの学問方法論がいわゆる「解釈学的方法」(die hermeneutische Methode) として考察されたが、それを批判して今日の哲学的解釈学が展開するようになった (O. F. Bollnow, Das Verstehen. Drei Aufsätze zur Theologie der Geisteswissenscahften, 1949, R. Bultmann, History and Eschatology, 1959; Gadamer, Wahrheit und Methode, 1960 などにディルタイの批判と修正の試みが見られる)。

（1）体験・表現・理解

ディルタイは言語や文字が人間の「生あるいは体験」（Leben oder Erleben）を最もよく定着させて保存し、完全に包括的で客観的「表現」（Ausdruck）となっているという基本的認識から出発する。したがって人間の精神を一般に「理解」（Verstehen）にもたらすためには、文芸や諸思想のみならず政治、経済、社会の諸機構・諸制度というヘーゲルの客観的精神の領域まで、文字を媒体とする「解釈」（Interpretation）が可能でなければならない。それゆえディルタイの解釈学的方法は「体験・表現・理解」（Erleben, Ausdruck, Verstehen）の三つの契機から構成される。このような彼の解釈学的方法は自然科学とならんで現代の学問を確立するのに大きく貢献した歴史学を哲学的に基礎づけようとする「歴史の認識論」をめざして形成された。したがって彼は「生の歴史性」（Geschichtlichkeit des Lebens）を提唱する。これは彼の解釈学の特徴をよく表わしている概念である。生は本質的に歴史的であり、客観的精神としての広義の文化一般にまで発展するがゆえに、客観化された文化から分析的に生は理解され、逆にまた文化の歴史は生そのものから解釈されなければならないと説かれた（『歴史的理性批判への試論』細谷恒夫訳、「ディルタイ著作集」第四巻、『歴史的理性批判』創元社、一九四六年、二〇一―四四〇頁）。

（2） 解釈学的人間学の展開

では解釈を通して人間学がどのように展開するのであろうか。たとえば芸術家は想像力を駆使して自己の体験を客観的な素材によって表現するが、彼の体験と表現からどのようにして作品の理解は生まれてくるのであろうか。ここではディルタイの『体験と創作』に収められている「ゲーテと詩的想像力」という論文を参照してみよう。そこでは詩人の体験と想像力による表現との関連が次のように語られる。

詩の一般的性質は、すべて生活と想像力と作品の形成との関係から出てくる。文学作品は言葉により個々の事象を現前せしめ現実の仮象を与える。それは現実の生活から離れて、それ自身のまとまった総体性において日常生活の必然の外なる仮象の世界に人を住まわせ、人の実在感情を高め、制限された人のもつあこがれ、もろもろの可能態を体験したいあこがれを満たす。それは人間により高くより強い世界を見る目を開いてやる。そして生活と事象との関係から事象のもっとも深い理解にいたるまで精神上の経過を全身全霊的に追体験させる。……作品は生の一特質を開示し、……生の連関における事象への価値を追体験させる。そこで生の連関そのもの、およびその意義が事象の中からひらめいて見えるように事象を提示するのが、最大の詩人たちの技法である。かくて詩はわたしたちに生の理解を開く。偉大なる詩人の目をもってわたしたちは人間の事物の価値と連関とを見る。（W・ディルタイ『体験と創作』上巻、柴田治三郎訳、岩波文庫、一九六一年、二二九―二三〇頁（一部改訳））

この種の解釈学でとくに問題となっているのは生の体験と表現（作品）との構造的関連である。この関連はゲーテの場合には「体験されたものがそっくりそのまま表出のなかに入っていく」と言われている。作品を読んでわたしたちが感動を覚えるのは、詩人の生涯に対する同情ではなく、詩の構成による。詩は象徴性を高度に発展させているがゆえに、詩的な芸術作品そのものがわたしたちに芸術を体験させるといえよう。

ある対象を芸術作品となしているのは作品自身のもつ高い象徴性であって、それがわたしたち自身に体験を生み出す。つまり作品自身が作用してきてわたしたちの想像力を刺激し、美的体験を引き起こすのである。詩的・音楽的・造形的形象の世界は現実の単なる仮象ではなく、冷静な科学的現実でもなく、一つの意味を伴った高次の人間的な現実、つまり文化の現実である。このように詩人の想像力によって高められた現実がわたしたちを照明し、わたしたちの心を新しい意味で満たす。芸術家は「賢い受け身の態度」（ワーズワス）によって高次の意味を受胎した現実に満たされ、その現れを身をもって表現する（この有様は運慶が仁王を刻む様子に見事に表現されている。漱石の『夢十夜』第六話を参照。そこには現象学的な芸術の理解が見事に描写されており、人がものに触れて直観的に本質を感受する作用とその本質に促されて表現に導かれる有様とが語られる）。

(3) 作品の解釈と人間学

次に、これらの芸術作品と観賞する人との間に成立する関連について考えてみたい。体験を表現するのは創作者であって、作品を観賞する人は同時にそれを追体験して解釈する。ここに解釈学の問題が提起される。ディルタイの場合、この解釈はテキストに表現されている原体験を追体験することによって実行される。というのは作者の原体験と読者の追体験との体験の共通性にもとづいて理解が生まれるからである。この理解はディルタイによれば原作者が自己自身を理解している以上に作者をよく理解することを目標とする。このことは、ボルノーによると、原作者が無意識のうちに前提していることを解釈者が顕在化することによって遂行される（O. F. Bollnow, Das Verstehen. Drei Aufsätze zur Theologie der Geisteswissenscaften, 1948, S.25-33）。つまり解釈とは作者が無意識のうちに前提している体験内容を顕在化する試みであり、芸術作品を人間的生の可能性に還元する行為であるがゆえに、それは人間学的還元を意味するといえよう。

芸術家の創造する世界は形象と文化の世界であり、人間がこの世界に生きることは日常生活からの逃避を意味せず、反対に新たに捉えた生を力強く実現することである。芸術が創造する世界は物理的な現実から離れているため、超人間的な要素のゆえに物質的には無力に見えるが、実際には新しい高次の意味の世界を構成する。そこに「形象の合理性」があって、ゲーテが説いているように芸術、つまり第二の自然は神秘的ではあるが、さらに理解可能でもある。こうして芸術は現実に豊かで溌剌とした多彩なイメージを与え、ありのままの現実にいっそう深遠な意味と洞察また解釈を与える。人間は「世界開放性」によって現実を超越し、いっそう高い観点から世界を豊かに解釈しながら生きことができる。これが解釈する人間の特質である。

3　ガダマーの解釈学と作用史的方法

次にディルタイやハイデガーの思想を継承しながら「哲学的解釈学」を創始したガダマーの解釈学を考察する。彼は人間存在の歴史性と古典文献学の研究に支えられて大作『真理と方法』（一九六〇年）を完成させた。彼は単なる解釈の技術としての解釈学ではなく、ハイデガーによって開拓された方向にしたがって再度テキストの解釈を問題とし、そこで経験される出来事を現象学的手法によって明確にした。彼の解釈学が問題にするのはカントの人間学的な問いと同じであって、「理解はいかにして可能となるか」という問いに関する次のような問題提起である。

この問いは、主観性によるいっさいの理解行為に先行する問いである。当然のことながら、理解をこととする諸学問の方法的行為、そうした学問のもろもろの規範や規則にも先行している問いである。ハイデガーによる人間の現存在の時間的分析論は、わたしの考えでは、理解というのは主体におけるさまざまな行為様式の一つなのではなく、現存在の存在様式そのものであるということを見事に示した。(Gadamer, Wahrheit und Methode,2Auf. 1965, XIV (Vorwort)『真理と方法 1』、轡田収他訳、法政大学出版局、一九八六年、序文一二頁)

このように人間における理解の作用には「現存在の存在様式」が認められる。そこから「解釈」が人間的現存在の根本的な動態として解明されるようになった。ここから形成された「解釈学」は人間が現にある有限性と歴史性の根底となっている根本的な動態を捉えて、人間の世界経験の全体の本性を解明することになった。このことは『真理と方法』の第二版の序文に説かれているように、解釈学と人間学とが結びついて新しい人間学の地平を開拓するように導いたのである。こうした経験に見られる「理解」は、作品に対する主観的な態度から生まれるのではなく、理解される当のものの存在から生まれる「作用史」(Wirkungsgeschichte)に属する。実際、すべての再生的営みはまずは解釈であり、それによって正しい理解がもたらされるからである。それゆえ「作用史の原理が理解の一般的な構造契機である」と主張された(Gadamer,op. cit., XIX. 前掲訳書、一七頁以下)。

(1)　作用史的意識と歴史

この作用史には歴史の経過のなかで作用を受けた結果として生じた意識(つまり歴史によって規定された意識)と歴史によって規定されているということそのものについての意識がある。それゆえ、このような作用史の意識は近代の歴史的かつ科学的な意識をも支配しており、しかもこのことは個々人の自覚を超えて生じている。したがって作用史的意識は歴史的な規定を受けた徹底した有限性の自覚を伴っている。この有限性を忘れたディルタイのような歴史学派の精神史的な歴史解釈は、歴史を書物のように読もうと試みて、歴史を精神史の高みに据えざるをえなかった。そこでガダマーは歴史や伝統を歴史学的な知識の対象とは考えないで、人間存在に対する作用契機として捉え、自己の理解は有限であるが、この有限性に対して現実・抵抗・不条理で理解不可能なものが働きかけて、新しい経験をもたらすと考えた。ここに「汝」によってのみ見えて来る真理、他者に語らせることによってのみ見えて来る真理が確認され、自分では認識できないことを教えてくれる事態こそ価値あるものであると説かれた（前掲訳書、XXII頁）。それゆえ認識主観によってのみ概念的に把握されているところでは、存在は忘却されており、経験されていないことになる。こうした存在の回復はハイデガーの所謂「転回」によって提示されたものである（ここで「転回」（Kehre）というのはハイデガー哲学の発展を指す言葉である。彼は『存在と時間』執筆してから一〇年間は現存在の形而上学を説くようになり、一九二八年に初めて基礎的存在論からメタ存在論への転回を告げられ、実存の構造分析論から形而上学的存在者論（Ontik）へと向かった。さらにその後の一〇年は存在者から存在者性（Seiendheit）へ、存在の意味から存在の真相へと思索の転回をなした）。

このような現実的な経験を把握する理論としてガダマーは「解釈学」を用いた。というのはこの現実的な経験こそ思惟にほかならないからであって、言語や遊戯（Spiel）はそれを演じる者の意識に尽きるものではなく、語る主体の態度以上のものを捉えさせる。ここに経験の真意がある。だが、このような経験は現象学的に記述することができても、形而上学による知的で概念的な構成を拒絶する（Gadamer,op. cit., XXII-XXIII. 前掲訳書、二二頁）。

経験が証示することはわたしたちが互いに拒否されたり、受け容れられたりしながら、次第に歴史意識が形成されることである。ここから彼は「作用史の意識」（wirkungsgeschichtliches Bewusstsein）を説くようになり、この意識はもはや方法論や歴史的探究には関係なく、この方法論や歴史についての反省意識に属している。それはわたしたちが歴史や歴史の作用に曝されているという意識なのである。ガダマーは『小論集』のなかで「歴史的作用」について次のように語った。

この言葉でわたしが第一に意味するのは、過去がわたしたちにとって対象となりうるように、歴史的生成から脱け出ることも、それから距離を保っていることもわたしたちにはできない、ということである……。わたしたちはつねに歴史の中に位置づけられている……。つまりわたしたちの意識は、現実の歴史的生成によって決定されてしまっているので、意識は過去と対決しあう位置にいる自由はない、ということなのである。他方、わたしが意味するのは、問題はこうしてわたしたちに及ぼす作用をつねに、新たに意識化することであるため、わたしたちが経験したばかりの過去は何であれ、それを全面的に背負いこみ、いわばその真理をひきうけざるをえないということである。（Gadamer, Kleinere Schriften, I, Philosophie,

Hermeneutik, 1967, S.158. リクール『解釈の革新』久米博他訳、白水社、一九八五年、一七二頁からの引用）

このような歴史的作用の概念から、テキストを解釈する人が対象であるテキストに関与する関係が明らかとなる。それは「我と汝」の関係とその経験である。なぜなら作用史的な経験は我と汝の間に生じ、汝との邂逅を通して体得される理解作用なのであるから。理解とはこのように他者によって働きかけられて、わたしの視界が他者の見方、考え方を受けいれることによって広がってゆくこと、つまり視界の融合であり、ここに真実な人間の存在が「邂逅と対話」にあることが知られる。

そのような解釈学によって示された人間学的な意義を次に「視界の融合」および「自由と責任」という二つの事例によって明らかにしてみよう。

(2) 視界の融合

人間の現実の姿には他者との親密な関係としての愛の広がりがあり、そこには他者の視点を自己のうちに受容してゆく「視界の融合」（Hoizontverschmelzung）が起こる。対話のなかでわたしが他者に出会う経験には他者の理解の仕方とわたしのそれとが一つに融け合い、わたしの視界と理解が拡大してゆくことが認められる（Gadamer, op. cit., S. 289-90, 375）。ガダマーによると、わたしの考えに対立し矛盾している意見や生き方は、それ自身の権威を主張し、それ自身の立場の承認を求める。まさにこのゆえに、それを理解しようという作用が起こる。ここには全くの他者として「汝」を経験することから、却って逆に他者から働きかけられて成立する「作用史的経験」の事実が明らかになる（Gadamer, op. cit., XXI, Vorwort）。

ところで、このようにして生じる「視界の融合」という考えは、歴史的認識の有限性という根本的制約や条件に結び付いており、それを超えている観念的な総合を排斥する。わたしの視点が有限であるのは、何かの視点に閉じ込められているからではなく、ある状況においては縮小したり、他の状況においては拡大することができる地平の有限性による。したがって異なる状況にいる二つの意識間の遠隔コミュニケーションは、それぞれの地平の融合によって、つまり、それぞれの企図や意図が遠く隔たっていても、開かれたものであるなら、両者が交流することによって実現する。ここから「視界の融合」がきわめて生産的な考え方を提起する。というのは視界の融合には自分に固有なものと異質なものの間の、近いものと遠いものとの間の、緊張が含まれており、この観点から人間における差異の働きは、自他の共同化のなかに含まれていることが捉えられるから。こうして自他の融合から差異が分化してくることが判明する。

このことはシェーラーの間主観性の立場に接近した視点である。シェーラーは人格の非対象性を力説し、人格に対する認識を「理解」(Verstehen)に求めた。彼は人格と自我を分け、自我が対象的に実験科学によって解明できるのに、人格の方はそうはいかないがゆえに、独自な認識方法を存在参与(Seinsteilnahme)に求める(『同情の本質と諸形式』青木・小林訳、「シェーラー著作集8」白水社、三六〇頁参照)。さらに彼は社会が人間の意識に本質として含まれており、人間は外的に社会の一部であるだけでなく、社会もまたそれに関連する成員としての人間の本質となっていることを明らかにした(シェーラー、前掲訳書、三六〇頁)。なぜなら自己と他者とに分化する以前の共通な根源を示している自他未決定の「体験流」を彼は現象学的に捉え「〈差当り〉人間は自己自身においてよりも他人においてより多く生きているし、彼の個体におけるよりも共同体においてより多く生きている」と語たることができたから(シェーラー、前掲訳書、三六八―三六九頁)。したがってシェーラーでは他者の意識が自己意識に先行し、体験された心的生の全体の流れから個別的なものは次第に自己意識に達し、自他の分化もそこから説明された。これこそガダマーが作用史的経験や視界の融合によって説いている事態にほかならない。

（3）人間存在の「自由」と「責任」

さらにガダマーはモノローグと対話の基本的相違として、対話における「自由」の契機を指摘する。対話に油がのってくると、どちらが対話をリードしているのかわからなくなるだけではなく、対話自体が一つの生ける精神を帯びてきて、対話に参加している者を導いているような気持にさせる。この点について『真理と方法』第三部の初めのところにある次の言葉はすばらしい証言である。

わたしたちはよく対話を「運営する」というようなことを口にするが、対話が本来的なものになると、対話を指導しているものは、一方の、あるいは他方の話し手の意志に依存しなくなってくる。だから本来的な対話というものは意図して実現できるものではない。むしろ、いっそう正当には一般的に言って、「わたしたちを対話のなかに連れこむ」とまでいわなくとも、「わたしたちは対話のなかに落ちてゆく」と言われる。……そこで「それはすばらしい対話であった」とか、「星のめぐり合わせが悪かった」とかと言うことができる。こういうすべてから対話が自らの精神をもっていることが告げられる。

（Gadamer, Wahrheit und Methode, S.361）

これが作用史的意識を分かり易く説いている。つまりわたしたちが喜んで対話に参加するのは、対話自体がわたしたちを導き、当初の予想に反して、全く新しい局面を拓き、新しい真実の姿を発見するように導くからである。ここに対話にたずさわっている者が自己をひとたび離れて「自由」になり、自己を他者のなかに再発見する「喜び」がある。

この点は『人間と言語』のなかでも次のように指摘される。ガダマーは対話をゲームと比較して、ゲームの面白さはゲーム自身の運動のなかに、自己を忘れてみずからを投入することにあり、したがって、遊戯の気分が基本的には「身軽さ」「自由」「成功の幸せ」という精神に満たされている状態にあると言う。このことはそのまま対話にもあてはまる。ゲームで自分のカードを投げることはひとつの「自己投入」であり、冒険であるが、それは自己を捨てゲームの流れに自己の存在を賭けることを意味し、それによって予想をこえる、また下まわる結果を受け入れるのはゲームの運命である（Gadamer, Mensch und Sprache, in: Kleine Schriften I, Philosophische Hermeneutik, 1967, S. 93ff.）。

ここにある自己投入の「自由」と、結果を負う「責任」との関連は対話そのものにも、人間の経験自体にも妥当する。それゆえリクールは「遊戯は、現実の視座のなかで〈きまじめ〉な精神の虜となっている新しい可能性を解放してくれるとともに、道徳的なヴィジョンが見させてくれない変態の可能性を主観そのものの中に拓いてくれる」と言うことができる（リクール『解釈の革新』前出、二一五頁。この点についてガダマーはすでに遊戯（Spiel）はそれを演じる者の意識に尽きるものではなく、語る主体の態度以上のものである、と先に述べていたが、リクールの表現の方がいっそう的確に事態を述べている）。

4　リクールと解釈学的人間学

リクールは初めマルセルやヤスパースの実存哲学およびフッサールの現象学の影響を受けて哲学的人間学を構想した。最初の著作『G・マルセルとK・ヤスパース――秘義の哲学と逆説の哲学』（一九四八年）にはそうした影響が認められる。しかし彼はフッサール現象学の観念論的傾向を批判し、ハイデガーの『存在と時間』の影響のもとに、解釈学的現象学の哲学を確立するようになった。フランスはこの時代に現象学の最盛期を迎えており、サルトルの『想像力の問題』、メルロ＝ポンティの『知覚の現象学』が発表された。これらに続いてリクールの『意志の哲学』が現われた。彼は主にパリ第十大学（パリ・ナンテール）の教授として活躍し、多数の著作を発表した。

フッサールの現象学が意識の客観化する作用にもとづいて対象を構成しようと試みたのに対して、リクールはマックス・シェーラーと同じく情動的で意志的な意識にもとづく実践的行為のなかにいっそう根源的な意味で人間の現象が示されると考えた。そこには「意志の受動性は、意識の超越性よりも優越する」ということが提示され、彼はフッサールの超越論的観念論を批判した。

(1) 『悪の象徴論』における解釈学的人間学

『悪の象徴論』では、人間の過ちやすさ、悪の可能性がいかにして現実となるかを追求する。それを著者は、「わたしは罪を犯した」と認める告白のなかに探る。その場合、罪の告白は直接的表現をとらず、「わたしは汚れた」という象徴的な表現をとることに彼は注目する。実際ギリシア悲劇において、たとえば『オイディプス王』において罪を犯したことは不浄による穢れとして物語られる。というのは「穢れは汚れから類推されるし、罪は道から逸れることから、罪過は重荷から類推される」(リクール『悪のシンボリズム』植島啓司他訳、渓声社、二七頁)とあるように、罪や罪過よりも直接的で物質的でさえある。それゆえ「穢れは、物質的な〈きたないもの〉を通して、聖なるものの中にあって、まさしく穢れて不浄なる存在であるという人間の状況を指し示す」(前掲訳書、三二頁)。それを表わす最も根源的で原初的な言語は「穢れ」という象徴言語である。

また穢れから罪への展開では「罪の観念を支配しているカテゴリーは、神の前というカテゴリーである」（同上、九二頁）と説かれる。このカテゴリーは最初は広く解されており、「神の契約」という神と人の社会的な関係に現れる。というのは「罪は倫理的事象である以前に、宗教的な重大事象なのである。つまり罪は抽象的な規則の違反ではなく、人格的な絆の侵害なのだ」（同上、九五―六頁）から。それゆえギリシア的思弁とは全く相違する形態の言葉によって解明される。それは預言者の言葉に示され、「神によって人間に差し向けられる要求が、無限の規模をもっているという事態が明らかとなり、この無限の要求こそ神と人の間の測り知れぬ距離と悲痛とを穿つ」（同上、一〇一頁）のである。このような要求の無限性によって人間の罪の根深さが暴かれる。この種の人格的な経験を物語の形で表明したのが、聖書の巻頭を飾る「アダム神話」に見られるような「悪の神話」であり、それをアウグスティヌスのような後代の思想家がいっそう精巧にして、合理的に解釈したのが「原罪」の観念である。それゆえ原罪の観念がアダム神話に描かれているように最初に生まれたのではなく、それはキリスト教的な罪の経験の理解の最終段階に登場する。もしそうなら、こうした歴史的観念の集積としての原罪の観念を括弧に入れて、原初的な悪の経験を本質現象学的に洞察することができよう。こうしてリクールはアダム神話とその類型に属する諸神話の解釈に着手する（リクール『悪の神話』一戸とおる他訳、渓声社、一九八〇年を参照。そこには創造神話（シュメール、アッカド神話）、悲劇の神話（ギリシア悲劇）、堕罪神話（アダム神話）、追放された魂の神話（オルペウス神話）という四つの類型が詳細に論じられる）。したがって神話や象徴言語の解釈によって人間の原初的な悪の経験に迫っていき、それ自体では混沌とした悪の経験を彼は簡明ならしめる。ここに彼の解釈学的人間学が展開する。

その際、歴史において展開する神話をテキストとしてどのように解釈すべきであろうか。わたしたちはテキストの前で自己理解を深めていくさいに、テキストにわたしたちの有限な理解能力をおしつけるべきではなく、テキストを読解するとき、自らの自我を想像の上で自由に変更し、ひとたび有限な自我を捨て去った後で、より内容の豊かな自己をテキストから受け取らねばならない。これこそガダマーの作用史的経験を継承する基本姿勢である。リクールは言う「自己を理解するということは、テクストの前で自己を理解し、読解行為に到来する自我とは異なる自己の諸条件を受け取ることである」（久米博『現代フランス哲学』二五四頁からの引用）と。わたしたちは彼がここで読解以前の有限な自我と、テキスト世界によって構成される自己とを区別していることに注意したい。こうしたテキストを前にしての自己理解を例証するものとして、彼は「物語的自己同一性」という概念を使っている。

（2）『時間と物語』における物語的自己同一性

この「物語的自己同一性」という概念はリクールが三巻からなる大著『時間と物語』（一九八三—八五年）の結論で提示したものである。彼はアウグスティヌス的な人間学的時間とアリストテレス的な自然学的時間との差異から考察を開始し、物語によって二つの時間を統合形象化することを試みた。その際、彼は物語をアリストテレスの「芸術は模倣の様式である」というミメーシス論によって定義する。ミメーシスというのは修辞法の一つであって、言語や動作を模写して、人や物をリアルに表現しようとする手法である。リクールによると物語とは行動のミメーシスであり、それは物語の筋にほかならず、筋とは出来事の組立てなのである。筋による組立てが物語的論理を構成し、これによって人間の行為が説明され、理解されるようになる。これが「物語的理解」である。人間とは何かという人間学の問いは人生物語によって答えられる。こうして人生を一つの物語として語ることによって「自己同一性」(identité) が獲得される。それに関して次のように言われる。

「自己同一性」とはここで実践の一カテゴリーの意味に解される。個人または共同体の自己同一性を言うことは、この行為をしたのはだれか、だれがその行為者か、張本人か、の問いに答えるものである。まず、だれかを名ざすことによって、つまり固有名詞でその人を指名することによって、その問いに答える。しかし固有名詞の不変性を支えるものは何か。こうしてその名で指名される行為主体を、誕生から死まで伸びている生涯にわたってずっと同一人物であるとみなすのを正当化するものは何か。その答えは物語的でしかあり得ない。「だれ？」という問いに答えることとは、ハンナ・アーレントが力をこめてそう言ったように、人生物語を物語ることである。物語は行為のだれを語る。「だれ」の自己同一性はそれゆえ、それ自体物語的自己同一性にほかならない。

（リクール『時間と物語』第三巻、久米博訳、新曜社、一九九〇年、四四八頁）

ここに誕生から死にいたる全生涯を通して自分が同一人物であることが証しされる。その際この「誰」の首尾一貫した同一性こそ自己同一性であって、そこに自己を一つの物語として語る「物語的自己同一性」が認められる。ここには人間学にとって最も重要な「自己認識」が含まれる。「自己認識の自己は、『弁明』におけるソクラテスの言によれば、吟味された人生の結実である。吟味された人生とは、大部分が、われわれの文化が伝える歴史的でもあり虚構でもある物語のカタルシス的効果によって浄化され、解明された人生である。自己性はこうして、文化の作品によって教えられた自己の自己性なのであり、自己は文化の作品を自分自身に適用したのである」。ここには物語と歴史の関連も指摘される。二つの主要な形態がある。

物語の第一の形態は読み手と書き手が同一である自伝である。これが第二の形態である共同体の歩みを物語った歴史と関係づけられる。たとえばイスラエルのようにその共同体が産みだした歴史文書が聖書として受容されるが、自己同一性は時間過程で変質することがありうるため、主体の自己性を汲み尽くすことはできない。それゆえ物語的自己同一性が真の自己性となるためには、倫理的責任をとる決意が必要とされる。「各人に、私はここに立つ、と言わせる決意」つまりルターのヴォルムス国会における決意が不可欠となる（リクール、前掲訳書、四五三頁）。

（3）　霊性の論理としての「超過の論理」

リクールはフランスのプロテスタンティズムを代表する思想家でもあって、ドイツのルター学者エーベリングの聖書解釈学の影響を受け（リクールは「エーベリンク」という論文を書いている。その詳細に関しては杉村康彦『ポール・リクールの思想』創文社、二〇八―二一〇頁を参照）、信仰義認論にもとづくキリスト教的な霊性の論理を解明した点でも注目に値する。彼は使徒パウロの律法批判のなかに一般的な倫理に立つ論理とは異質な「等価の論理の転覆」を捉えた。等価の論理が倫理的な応報説に立脚しているのに対して、パウロが「律法の呪い」とみなすのは、律法に適った「善い」行ないが逆に宗教的な罪に転落していく事態を指している。つまりそれは善い行為を重ねていくことによって高慢となり、ますます罪へ深く落ち込んでいくという事態である。これは等価の論理から見れば逆説でしかない。しかしその背景にはパウロが説いている「罪が増したところには、恵みはなおいっそう満ちあふれました」（ローマ五・二五）という宗教的な根源的な経験が存在する。ここには罪の増加と逆対応的に恩恵が増大するという「超過の論理」が成立する。こうした逆対応には善行「にもかかわらず」罪人となり、善行「にもかかわらず」罪人であるという自覚がなければならない。もちろんそこにはすべての人間の罪を背負って十字架上で死んで復活したイエス・キリストの犠牲的愛が前提されている（イエス・キリストによる神の贈与は、罪の自覚が増加するにうち勝って「なおいっそう」満ち溢れる恵みである。それは人間的な理性と論理では汲み尽くせない「超過」と「剰余」であるが、この恵みを受けることによって救いへの希望をもつことができる。この点でリクールはマルセルの『希望の現象学と形而上学に関する考案』の影響を受けている。金子晴勇『人間と歴史』二七七―二七八頁参照）。

リクールは『解釈の葛藤――解釈学の研究』のなかで罪責に関する倫理的次元と宗教的次元の相違を考察しながら、この超過の論理を明らかに説くに至った。このような一般的な倫理の次元よりもいっそう深い宗教の次元において、自由は希望の光に照らされて、自らの死にもかかわらず自己を肯定し、あらゆる死の兆しにもかかわらず死を否定しようとする。この論理について彼は次のように言う。

同様に「にもかかわらず」のカテゴリーは生命の突入の反面と逆の面、聖パウロの有名な「なおいっそう」のうちに表現された信仰の視点の反面と逆の面である。このカテゴリーは「にもかかわらず」よりもいっそう根本的なものであって、超過の論理（the logic of superabundance）と呼ぶことができるものを表わしている。それは希望の論理である

(Ricoeur, The Conflict of Interpretations Essays in Hermeneutics, 1974, p. 437)

さらに、この論理は日常生活や政治や世界史において発見される。この「にもかかわらず」は喜ばしき「なおいっそう」の裏面、陰の面にすぎない。それよって、自由はこの満ち溢れの経綸において自らを感じ、知り、自己がそれに属することを欲するようになると続けて語られる。このような霊性の論理にもとづいてリクールの哲学は意味を贈与する言葉に目を開いていく解釈学的人間学となっている。

付論　人間学の学び方

日頃研究に従事し、原典を読んだり訳したり、あるいはそれと格闘しながら論文を書いたりしているときには、自分の研究方法についてことさら意識することは全くない。だが、論文をまとめて一つの著作にまで完成させてみると、おのずとこれまで辿ってきた道をふり返って反省させられる。実際、この「道にしたがう」（メタ・ホドス）ことが、デカルトも語っているように、語源的にも「方法」の意味にほかならない。以前、『ルターの人間学』を上梓したときも、その序論の終わりのところに書いたように、彼の思想を従来なされていた神学的・教義学的にではなく、人間学的に考察した理由について反省し、自分の人間学的方法の意義を明らかにしたことがある。その後、わたしが学んできたことも含めて、もう一度わたしの研究の方法について反省してみたい。

まず、わたしがどんな道にしたがって研究してきたかを考えてみたい。大学生の頃からわたしの研究対象は変わっていない。それは初めて思想らしきものに触れた高校時代からはじまっているといえよう。つまりヨーロッパ思想史という研究領域はわたしがそれを学問的な研究対象とする以前にさかのぼって関心をそそられていたのである。したがってそこには学問以前のわたし自身の生き方のなかにある種の基本姿勢が生まれてきていた。それは思想や世界観との最初の邂逅のなかに隠されており、無自覚ではあるがわたしたち自身を形成してきているものである。

敗戦という未曾有の出来事に直面してわたしの人生観は大きく変化し、新しい文化の創造ということに思いをはせるようになっていった。アメリカの背後にあるヨーロッパ文化の重要性はキリスト教の雰囲気に育ったわたしには直感的に理解できたし、その最も優れた内実を把握しなければならないと確信した。そして当然のことながら最初は新しく文化を創造しながら時代を画していった思想家たちに注目しはじめた。とくに指導する人がいたわけではないが、知らず知らずのうちに考えて学び始めていたのは、古代から中世に橋渡しをしたアウグスティヌス、中世から近代に転換を図ったルター、近代から現代に流れを変えたキルケゴールなどの著作であった。しかも何が彼らの思想における出発点となったかに強い関心をもつようになった。この始源的な体験こそ人間の存在に深く関わりながら思想が形成されるプロセスを示すものであって、人間学的な考察がその意義を発揮する当のものである。

わたしはいつごろからこのような人間学的な考察をもち始めたのであろうか。それは大学の一年生のとき読んだ三木清の『パスカルにおける人間の研究』に発する。この書の影響によってわたしは「人間研究」に集中するようになり、同年に「シェイクスピアの人間理解」というエッセイを書いて学寮の新聞に寄稿した。こうした傾向をもってヨーロッパ思想史の研究に入っていったため、研究の成果を発表する段になると、おのずから「人間」とか「人間学」といった名称が表題に出てくることになった。このことは先にも指摘した処女作と同時に『人間と歴史』を出版したことにもよく現われている。そのさい、わたしは「人間論」とすべきか「人間学」としたほうが良いかとずいぶん悩んだのであるが、心身論を軸としながら「人間」が思想家の学問上の中心主題となっており、研究するものも心身論を中心に据えてこの主題に厳密に関わるならば、「人間学」のほうが適切であろうと判断した。もちろん人間学の歴史から言うと、中世においては神学の一部門として人間学が論じられていて、それが独立した学問分野となるのはカントを経て、マックス・シェーラーにいたるまで待たなければならなかった。そういうこともあってか、その後七年を経て出版された『アウグスティヌスの人間学』のときにも、表題に関して疑義がもたれもした。しかし、今日では人間学が学問としても確立の途上にあり、同時に歴史における人間学の展開も一般に承認されるようになってきた。

しかし、人間学を心身論を中心にして研究するといっても最初からそれを自覚して行ったわけではない。わたしは大学に入った当初は、キルケゴールの実存思想に影響され、この詩人的で実存的な思想家によって実存弁証法的に思考する傾向が身に付いてしまった。当時は九鬼周造のように実存哲学が人間学として説かれていたこともあって、人間学的な傾向は世界観としては実存弁証法に向かってもおかしいとは感じなかった。しかし、やがてこの方法の限界を自覚し、『ルターの人間学』を完成させた後に、実存弁証法に伴われていた主観的傾向を何とか克服したいと願った。これを克服するために現象学の方法を学ぶように導いたのはマックス・シェーラーであった。彼に導かれて現象学的人間学の方法をわたしは学び、アウグスティヌスの思想の研究にそれを適用し、『アウグスティヌスの人間学』を完成することができた。それ以来今日にいたるまで現象学的な手法による人間学の研究方法は変化していない。そこでこのような人間学の方法について要点を述べてみたい。

1　人間学の方法について

まず人間学の方法について考えてみよう。現代の人間学はマックス・シェーラーやアルノルト・ゲーレン以来発展を遂げ、巨大な成果を生みだしている。わたし自身はこれからもなおこの学問を学んでゆきたいと願っているが、それとは別に哲学的人間学は古い伝統を有し、グレートイゼンがその著作『哲学的人間学』で明確に説いているような牢固たる基盤に立っている。彼の主張する哲学的人間学の定義を参考までにあげておこう。「汝自身を知れというのが、すべての哲学的人間学の主題である。哲学的人間学は自己省察であり、自己自身を把握しようとする人間の絶えず新たになされる試みである」(『哲学的人間学』金子晴勇・菱刈晃夫訳、知泉書館、三頁)。彼はソクラテス以前からはじめ中世とルネサンスを経てモンテーニュにいたるまでの多様な人間学の形態を解明しながら、人間学的自己理解の発展を明確にしようとした。人間の本性や本質と呼ばれているものは、現代の人間学が明らかにしているように、不変の特質をなしていても、それがいかに自覚されてきたかを考察するならば、歴史の変化とともに発展の跡を追求することは可能であろう。

哲学的人間学とヨーロッパ精神史とのこのような結合の試みは、グレートイゼンの師ディルタイの方法論に由来している。たとえば『一五・六世紀における人間の把握と分析』、『体験と創作』また『精神科学における歴史的世界の構成』等に展開するディルタイの方法論は、人間学からの歴史の解釈学であって、歴史における人間の生の理解を確立しようとした。彼の功績は人間学と解釈学とを統一しようとするところにあり、その統一の原理は歴史的生の理解に求められている。しかしディルタイは精神史家として歴史を客観的に考察しており、歴史に主体的に関与するのが希薄であるため、その傍観者的な態度が批判された。彼自身は歴史的世界を「追体験」することによって理解にもたらす方法を確立しているにしても、歴史的世界の豊かな可能性を指し示すにとどまっているといえよう。

しかし、歴史は単に生の豊かさを示しているのではなく、人間がそこにおいて自己を実現する場として、つまり一つの課題として人間に現われているのではなかろうか。精神史もしくは思想史を学んで気づく点は、歴史のうちには内在する問いがあって、それに答えてゆく試みによりさまざまな思想が形成されてくるということである。わたしはこの思想形成に先立つ経験を「基礎経験」と呼んでいるが、その重要な契機をなしていることをここで少し考えてみたい。

この経験のなかには世界や人間について疑問を投げかけ、絶望と無へ追いやる否定的性格をもった要素が認められ、それ自身は思想ではないとしても、これを契機にして思想形成への端緒が拓かれている。アウグスティヌスやルターの青年時代における経験にはこの種の実存的体験が明瞭に認められる。このように考えるようになったのもキルケゴールの「大地震」とか「レギーネ・オルセン体験」といった実存的体験が彼の思想形成と関連している点がわたしの意識のなかで働いていたからかも知れない。それはともあれ、精神史の発展において世界と人生とに対して懐いていた否定的経験の契機が、したがって歴史に内在する問いが思想や世界観の形成や性格にとって決定的な意義をもっている。すなわち基礎経験の中の否定的契機が働いて思想を弁証法的に展開させているのである。もちろん否定性にもさまざまな性質や度合いがあり、後代に決定的影響を与えうる思想は、その基礎的経験において否定性をいかなる深さと広さとにおいて捉えていたかによって、定められるといえよう。

このような精神史的客観性と実存的主観性との結合ということがわたしのめざす人間学的方法の第一の特質ということができる。この意味でわたしはディルタイの方法の延長線上に立っている。

2　魂と身体について

次に人間学の基本概念である魂と身体について考えて見たい。魂と身体は一般には人間学的区分法の問題として立てられている。この心身問題は人間が自己を考えるにあたって最初に関わらざるをえない身近なものであり、世界について論じるに先立って人間は自己を問題とし、自己について論じるに先立って心身の結合関係を問わざるをえない。ここから三木清は人間学を基礎経験の直接性によって表現するロゴスとみなした。「アントロポロギーは、恰もカントのシェマティスムスにおける時間が直観と範疇とを媒介するように、基礎経験とイデオロギーとを媒介する」（『人間学のマルクス的形態』全集、第三巻、九頁）。このような明確な規定を理解するのが困難であっても、認識や思想が熟知している経験の明晰化、もしくは具象化から生じているのであってみれば、経験の主体である自己自身の存在への反省こそ思想の端緒をなしているといえよう。

ところで人間学的観点から学んでみてわかったことは、アウグスティヌスとルターが直面している心身問題は、プラトン的上下の二元論によっては解明し尽くされない自己についての問題であったということである。たとえばアウグスティヌスは古代的な魂と身体との二元論から出発してゆくが、身体の評価において否定から肯定に転じる。この変化はキリスト教の創造説に由来するものであるとはいえ、こうした変化とともに現われてくるものが重要であり、それこそ心身の総合としての人間の全体的自己理解である。そこで彼は古代的心身論と異質な思想を表現するために「心」（cor）の概念を採用する。このことはちょうどルターが中世的世界観と対決して「良心」（conscientia）概念を採用したのと同じ事態である。もちろんアウグスティヌスも良心を問題にするが、これは彼のいう「心」の働きの倫理的一様態を示しているとみなされる。

こうして心身問題は二元論的に分解して上下または内外の対立に解消されないで、心身を総合した全体がいかなる実存的性格をもっているかと問い直されている。このことは心身問題の排除とはならずに、むしろ心身に内在する問いをたずさえて人間の実存に迫るのである。心身問題から分離して実存を論じることは、実存を共同世界からの離脱として単に消極的に規定するのと同様、実存概念の主観主義化となり、そこから実存概念の貧困化が生じるであろう。アウグスティヌス的実存を表わす「心」は同時に「心臓」という身体性を意味し、「心で聞く」というのは、「取りて読め」という「子供の声」を実際耳で聞いてそれが心の深みまで達することを意味しているのである。

人間学的考察は実存的な自己理解をいっそう豊かにし、同時に元来客観性と対立している実存概念の真理性を明らかにするのに役立つといえよう。キルケゴールにおいても魂と身体との総合として精神が捉えられ、その精神が総合としての行為をなすさいにも可能なかぎり心理学的考察がなされていたことを考え直してみるならば、人間学的方法の意義もおのずと明らかになってくるであろう。

3　人間科学と哲学的人間学

人間学的研究は単に心身問題にかぎらない。それは文化という歴史的世界にもわたしたちの目を向けさせる。精神的文化の伝統なしには人は生きられない。生物が環境世界のみを所有しているのに対し、人間は環境にしばられず、文化を創造しながら生きる存在である。現代の人間学がこのような人間を他の生物との比較によって人間性の特性を解明し、言語・道具・時間・交わりなどのなかに勝れた意義と宇宙における地位を論じており、総合的人間科学を形成しているが、哲学はこのような科学の成果をたずさえて人間存在を反省し直さなければならないであろう。そのさい人間と世界（文化）との関連こそ最も重要な主題となるであろう。したがって人間が自己と成るという主体性は自己目的ではなくて、他者との間柄を生き、世界に積極的に関わることにおいて成立するのであるから、実存弁証法は共同的人間存在において完成するといえよう。そのさい、人間を本性的に文化的・社会的存在として把握することが人間学の主たる課題であり、この研究によって人間存在の全体像を客観的に基礎づけることが可能となる。

ところが精神史の研究においては、現代の人間学のカテゴリーを過去へ適応することは不当となろう。わたしは現代の人間学を尺度として過去を回顧的に考察しているのではない。こうした研究の誤謬は、たとえば進化論の先駆的学説をアウグスティヌスの創造説として「種子的理念」のもとで考えた人たちの成果を見るなら、明らかである。アウグスティヌスの関心も意図もないところからダーウィニズムを、無理に読み取ったため、それはゆがんだ解釈となってしまった。また現代の実存哲学からのアウグスティヌス解釈もベルリンガーに見られるようにテキストの強引な解釈となっている。さらに長沢信寿のように西田哲学の「絶対矛盾的自己同一」を援用するごとき解釈も同様であるし、これまで問題にしてきた実存弁証法的解釈も不用意に用いるならば、恐らく同じ誤りに陥るであろう。

そこで精神史の研究は歴史的文脈のなかで、かつ、原典に即して徹底的に行なわれなければならない。そのさい原テキストを生命的統一体とみなして、その主題にしたがって思想内容を分析し、個々のテキストを解釈し、さらに著作の全体的発展のプロセスのなかに位置づけ、また著者をとりまく歴史的状況から総合的判断を下さないならば、学問的客観性を得ることはできないであろう。

わたしは大学時代に有賀鉄太郎先生から精神史的研究の方法を学び、武藤一雄先生から実存弁証法による研究方法を教えられた。わたしの課題はこの二つの方法を統合することであり、人間学的観点からヨーロッパ精神史を解釈するよう試みてきた。本書のはじめに述べておいたようにわたし自身はキルケゴールの実存弁証法によって、すべてを解釈する傾向があり、ルター研究ではそれにもとづいて解明できる思想が多かったため勢いこの傾向が前景に現われてきていたが、アウグスティヌス研究では人間学的主題と問題提起が主流をなしていたため、この傾向は背景にしりぞいている。むしろ実存弁証法の代わりに現象学の客観的な方法が前面に出てきている。わたしの場合人間学に含まれている実存的な契機よりも、同じく人間学に含まれている現象の本質を捉えようとする現象学の方法の方が前景に出てきている。

このようにわたし自身は方法論においても少しずつ進展しつつあるといえよう。

事 項 索 引

人名索引

金子　晴勇（かねこ・はるお）

昭和 7 年静岡県に生まれる。昭和 37 年京都大学大学院文学研究科博士課程修了。聖学院大学総合研究所名誉教授，岡山大学名誉教授，文学博士（京都大学）
〔主要業績〕『対話と共生思想』『「自由」の思想史―その人間学的な考察』『現代の哲学的人間学』『キリスト教人間学』『ヨーロッパ人間学の歴史』『現代ヨーロッパの人間学』『愛の思想史』『エラスムスの人間学』『アウグスティヌスの知恵』『アウグスティヌスの恩恵論』,『宗教改革的認識とは何か―ルター『ローマ書講義』を読む』，ルター『後期スコラ神学批判文書集』，ルター『生と死の講話』『ルターの知的遺産』『エラスムス「格言選集」』，エラスムス『対話集』, グレトゥイゼン『哲学的人間学』,（以上，知泉書館），『ルターの人間学』『アウグスティヌスの人間学』『ルターとドイツ神秘主義』『マックス・シェーラーの人間学』（以上，創文社），『ヨーロッパ思想史―理性と信仰のダイナミズム』（筑摩選書),『宗教改革の精神』（講談社学術文庫），『アウグスティヌス〈神の国〉を読む―その構想と神学』（教文館）ほか。

〔人間学入門〕　ISBN978-4-86285-399-8

2024 年 1 月 20 日　第 1 刷印刷
2024 年 1 月 25 日　第 1 刷発行

著　者　金　子　晴　勇
発行者　小　山　光　夫
印刷者　藤　原　愛　子

発行所　〒 113-0033 東京都文京区本郷 1-13-2
電話 03（3814）6161 振替 00120-6-117170
http://www.chisen.co.jp
株式会社 知泉書館

Printed in Japan　印刷・製本／藤原印刷